DENISE MAZZAFERRO   RENATO BERNHOEFT

LONGEVIDADE

Os desafios e as oportunidades de se reinventar

Publisher
Henrique José Branco Brazão Farinha
Editora
Cláudia Elissa Rondelli Ramos
Preparação de texto
Gabriele Fernandes
Revisão
Vitória Doretto
Ariadne Martins
Projeto gráfico de miolo e editoração
Lilian Queiroz | 2 estúdio gráfico
Capa
Lilian Queiroz | 2 estúdio gráfico
Impressão
Typebrasil

Copyright © 2016 *by* Denise S. Morante Mazzaferro
e Renato Bernhoeft.
Todos os direitos reservados à Editora Évora.
Rua Sergipe, 401 – Cj. 1.310 – Consolação
São Paulo – SP – CEP 01243-906
Telefone: (11) 3562-7814/3562-7815
Site: http://www.evora.com.br
E-mail: contato@editoraevora.com.br

DADOS INTERNACIONAIS PARA CATALOGAÇÃO NA PUBLICAÇÃO (CIP)

M429L

Mazzaferro, Denise
Longevidade : os desafios e as oportunidades de se reinventar / Denise
Mazzaferro, Renato Bernhoeft. - São Paulo : Évora, 2016.
208 p. : il. ; 16x23 cm.

Inclui bibliografia.

ISBN 978-85-8461-068-6

1. Longevidade. 2. Administração do tempo. 3. Qualidade de vida no
trabalho. 3. Sucesso. I. Bernhoeft, Renato, 1942-   . II. Título.

CDD- 305.26

JOSÉ CARLOS DOS SANTOS MACEDO – BIBLIOTECÁRIO – CRB7 N. 3575

Apresentação

Assim, toda a questão se reduz a isto: pode a mente humana dominar o que a mente humana criou?

Paul Valéry

"Quero ser enterrado com o uniforme da empresa."

A frase acima, título de um artigo publicado no jornal *Valor Econômico* em agosto de 2008, escrito pelo Renato, foi o que provocou o primeiro encontro dos autores deste livro.

O primeiro de tantos encontros em que Renato e Denise, intrigados pelas motivações que levam um executivo – ser humano acima de tudo – a pedir para ser enterrado com o uniforme que usou durante os anos de sua vida dedicados ao trabalho, e ainda culmina homenageado por seus amigos com o hino da empresa no momento do sepultamento.

Para quem faz ou fez parte do mundo corporativo, ou melhor, do mundo do trabalho, é comum nos depararmos com brilhantes casos de sucesso profissional em contraste com dolorosos fracassos no nível pessoal, conjugal e familiar. Histórias que se constroem em torno do desequilíbrio entre a dedicação do tão precioso tempo a um ou a outro papel.

Executivos, empresários, profissionais liberais, políticos, artistas e governantes têm conseguido destaque pessoal dentro de uma sociedade que, cada vez mais, valoriza símbolos exteriores de sucesso. Símbolos esses muito centrados no ter em detrimento do ser.

O aumento da expectativa de vida, criando o desafio do "reinvertar-se" ao longo dos anos, aliado à descoberta do "não valeu a pena" ter dedicado tudo para agradar e fazer sucesso em função das expectativas dos outros, e não de si próprio, podem ser observados como produtores de angústias e ansiedades. Males como depressão, estresse e outras doenças hoje já reconhecidas como importantes e preocupantes também aparecem neste cenário.

Zygmunt Bauman, sociólogo polonês, em sua obra *Identidade*, ao discorrer sobre a formação identitária do homem na "modernidade líquida", traz a ideia de que a construímos atrelada ao conceito de "pertencimento".

Concordando com a teoria de Bauman, se determinado homem pertenceu ao mundo do trabalho tão fortemente, sua identidade estaria completamente atrelada a este mundo, simbolizado por dada empresa. É comum que as pessoas substituam seus sobrenomes pelo nome das instituições que representam: José do Itaú, Roberto do Hospital Albert Einstein, Maria da Braskem, Ricardo do Banco Central etc. Institucionalizamo-nos pretendendo buscar esse pertencimento e, com isso, nos apropriamos do nome da instituição para a construção de nossa identidade.

Uma questão já se coloca: que necessidade tão forte é essa de identificação, que mesmo no momento em que estamos realizando nossa passagem para outra vida, ou simplesmente terminando nossa passagem nesta, ainda precisamos estar próximos de símbolos que nos confiram identificação? Será que, mesmo no final da vida, não conseguimos ser reconhecidos pelo que verdadeiramente fomos? Que medo é esse que nos faz carregar como legado um uniforme, uma bandeira de time de futebol, um hino?

Mas o dilema parece ainda maior quando nos deparamos com a insatisfação daqueles que – mesmo sendo pessoas brilhantes no seu trabalho, reconhecidas pelo seu destaque profissional –, atrelados a símbolos de pertencimento do mundo do sucesso, ainda parecem estar no lugar daqueles aos quais falta significado.

Falta um momento de reflexão para analisar sua vida presente, ou até mesmo de parar para refletir seu percurso passado. Falta uma firme decisão de compatibilizar trabalho e desfrute em vez de adiar os projetos de prazer para um futuro incerto em relação a um presente que não poderá ser resgatado. Afinal, o tempo é irreversível.

Falta olhar para os anos que ganhamos, graças aos avanços tecnológicos, e pensar que precisamos procurar sentido para todos os momentos de nossas vidas. Principalmente para esse tempo que hoje nos parece um prolongamento forçado, para o qual nos recusamos a planejar, a sonhar, a ter objetivos. Pensamos, ainda, que esse será um tempo de usufruir daquilo que fizemos em nossa vida produtiva. Por que não considerar esse tempo como produtivo?

A leitura deste livro poderá ajudá-lo a fazer a si próprio perguntas e, se quiser, a respondê-las; ainda, se desejar ousar um pouco mais, a colocar em prática respostas às seguintes questões:

Quem sou eu?

Mais vida em meus dias ou mais dias em minha vida?

Quais são minhas prioridades?

Quais são meus valores e potenciais?

O que realmente quero fazer da minha vida?

De que grupos finjo fazer parte?

De que grupos realmente faço parte?

De quais grupos realmente desejo fazer parte?

De que outro tipo de aprendizagem ou experiência preciso?

Em que e onde devo realmente trabalhar?

Como equilibrar trabalho e desfrute agora?

O que segue neste livro não é um tratado. São inquietudes, experiências, leituras, estudos e resultados de práticas profissionais que mobilizaram um homem e uma mulher, em diferentes momentos de suas vidas, a se encontrarem e iniciarem uma discussão em torno da angústia daquele homem que pedia para ser enterrado com o uniforme que marcou sua vida.

> Provocações para refletir

ENCONTRE SENTIDO PARA AS DIFERENTES ETAPAS DA VIDA

O trabalho não apenas ocupa um espaço imenso na vida das pessoas, muito mais do que isso, para muitos ele representa o único sentido de realização pelo qual as pessoas se avaliam, são admiradas ou até imitadas. Poucos se preocupam em buscar outros sentidos ao longo da sua existência, algo que possa estimular diferentes formas de renovação no prolongamento da vida e que preencha o vazio provocado por apenas uma fonte de realização.

Esta forte ênfase nos valores relacionados com a produção constitui uma das razões pelas quais grande parte das pessoas na fase adulta temem o estágio de pós-carreira (aposentadoria).

Como evidência, examinemos este anúncio publicado em 9 de março de 1982 no jornal *Gazeta Mercantil*, de São Paulo:

> Troco vida tranquila no meu sítio por trabalho duro na empresa
>
> Tenho 61 anos, independência econômica e uma existência sossegada. Sossegada demais. Cheguei à conclusão de que sítio é ótimo nos fins de semana. Nos outros dias só o trabalho pode completar a minha vida. Claro, há os que não concordam comigo. Talvez porque não tenham uma gratificante experiência de 40 anos como a minha. Ou a disposição de 20 anos que eu sinto. A verdade é que eu pretendo embarcar, com toda a minha bagagem, numa empresa que acredite num homem de minha idade. Um homem, inclusive, mais jovem que Reagan, Brejnev, João XXIII e tantos outros que estão na ativa. Sou engenheiro e administrador de empresas. Dos meus 40 anos de experiência, 35 foram vividos num grande grupo multinacional. Ali minha carreira ascendente culminou no cargo de presidente executivo de

uma de suas empresas (3.500 funcionários). Posso fornecer currículo detalhado e estou à disposição para contatos pessoais. Cartas para este jornal dirigidas à "D. Volta".

Uma rápida leitura do anúncio nos permite imaginar quantos não terão sido os sonhos e planos deste alto executivo quando programava sua aposentadoria. Todas essas "fantasias" se desfizeram muito rapidamente no confronto com uma série de atividades que a sociedade não caracteriza como "produtivas", ou mais ainda, desvinculadas de certos símbolos de status que as empresas oferecem.

Evidentemente poderemos encontrar também pessoas para quem o seu trabalho nunca foi o mais importante, ou pior, a sua maior satisfação na vida.

Quem sabe o papel profissional tenha sido uma experiência negativa a ponto de sempre terem colocado como necessidade a busca da satisfação em outras atividades. Para estes, provavelmente, possa ser mais simples o encaminhamento. Mas não o podemos afirmar com segurança, pois estas insatisfações dos períodos anteriores podem não ser totalmente compensadas de uma forma tão repentina através da simples libertação do "castigo" representado pela monotonia ou rotina de trabalho.

Segundo pesquisas feitas em países desenvolvidos, existem três fatores que pesam no sucesso para o encaminhamento de uma aposentadoria mais natural e satisfatória: tranquilidade financeira, educação (no sentido mais amplo da palavra, envolvendo aspectos culturais, intelectuais e capacidade para desfrutar) e saúde. Quando esses fatores estão preenchidos, é muito provável que o indivíduo seja relativamente ativo e encontre satisfações nas suas atividades. Evidentemente não falamos apenas de atividades físicas, mas de reflexão, recordações, contatos, diálogo, leituras etc.

O item referente à saúde parece claro, pois qualquer disfunção de caráter biológico pode dificultar uma satisfação maior.

Mas é interessante destacar que o aspecto intelectual (a educação no sentido mais amplo e estado permanente) é de grande importância. Ele está diretamente relacionado à capacidade do indivíduo em "aprender a desaprender".

Será muito tarde para aprender? Pesquisas feitas na França, Inglaterra e Estados Unidos mostram que a capacidade para aprender depende da experiência educacional das fases anteriores. Aqueles que estiveram sempre envolvidos em processos constantes de aprendizagem terão maior facilidade em reaprender na aposentadoria. Uma das grandes deficiências de nosso sistema educacional é o fato das pessoas não serem educadas a aprender através da sua própria vida. As estruturas de ensino partem sempre de um esquema onde se busca um conceito para fixar uma prática.

Raras são as pessoas que examinam a sua prática para extrair dela alguns conceitos e com isso manter um processo de renovação. Essa dificuldade pode ser agravada pela rápida velocidade das mudanças tecnológicas e seu impacto sobre as pessoas. Muitas dessas transformações têm ocorrido numa velocidade maior do que a capacidade dos indivíduos de processarem mudanças comportamentais.

É evidente que quando examinamos todo este quadro dentro da realidade brasileira, devemos tomar maiores cuidados. Não podemos esquecer as profundas diferenças culturais que existem entre os nossos países. Enquanto na Europa e nos Estados Unidos a participação ativa na comunidade é um traço comum na vida das pessoas ao longo das diferentes etapas da vida, no Brasil existem estímulos muito maiores (políticos, econômicos, sociais, mercadológicos etc.) de isolamento. Isso quer dizer que o encaminhamento de muitas dessas pessoas para uma atividade altruísta ou comunitária não se dará com facilidade ou será encarada como solução.

Os caminhos precisam ser pesquisados com base em nossa própria realidade, pois nessa área não se poderá incidir no erro, já cometido no passado, de querer simplesmente importar modelos culturais que fizeram sucesso em outros sistemas de valores ou ideológicos. Também não é assunto que deverá ser encarado como modismo.

Qualquer atuação que vise facilitar o processo de preparo para a aposentadoria deve ser cuidadoso e multidisciplinar, centrado na orientação do autodesenvolvimento.

Prefácio

É comum ouvirmos neste primeiro quarto do século XXI que os *homo sapiens* que viverão 100 anos já nasceram.

Dos primatas ao *homo sapiens*, o sentido da vida girava em torno da necessidade de sobrevivência, pois o trabalho significava alimentação, e o ciclo da vida não ia além de três ou quatro décadas, da procriação à morte.

Com o horizonte temporal caminhando para além de 100 anos, alteram-se contextos pessoais e profissionais, sociais e espirituais ao longo da história, sobretudo nos últimos dois séculos, em que profissões deixam de existir dentro do período escolar de um ser humano e centenas de outras que não existiam surgem como oportunidades para quem termina a primeira fase da formação acadêmica.

Das religiões monoteístas do mundo ocidental às relações do trabalho com núcleos estruturados das atividades econômicas surgidos com a revolução industrial, nada escapou desse trabalho cooperado que Denise e Renato realizaram, cujo sentido se encontra, inclusive, no trabalho conjunto.

Do ciclo da evolução de Darwin ao desenvolvimento atual das duas áreas do cérebro e do desejo de desfrutar do tempo para além do trabalho produtivo, nasce uma patente: o sentido da vida requer equilíbrio emocional e físico potencializado pela singularidade de cada um; erros e acertos ocorrem no ciclo vital de cada ser humano, balanço esse que sugere revisões periódicas de rumos para adaptarmos trajetórias a contextos que evoluem e sobre os quais não se tem nenhum controle.

O livro nos mostra o conforto que a tecnologia nos traz ao longo do tempo e que, entre o ônus e bônus que a longevidade nos dá, a revisão de rumos nos realimenta e energiza nossas atividades na busca incessante de satisfação para esse período da vida em que temos mais tempo pelas costas do que pela frente. A intensidade com que desfrutamos da família aumenta sem prejuízo do trabalho, e o sentido do pertencimento nos estimula a continuar produzindo, seja no âmbito de nosso núcleo familiar como em sociedade, preservando assim o sentido da vida.

Eu me recordo de trabalho realizado em conjunto com um grande escritório de advogados em que fui consultado sobre a perenidade de uma empresa de serviços na ausência dos sócios. A proposta nasceu quando nos demos conta de que produzimos mais do que conseguimos gastar na primeira etapa da vida profissional acumulando riqueza, e passamos a consumir na etapa subsequente quando recursos líquidos atendem mais às nossas necessidades do que as ações da companhia. A perenidade da empresa e o ciclo efêmero da vida das pessoas nos sugere realizações em todas as etapas adequando-as, no entanto, à formação de poupança e ao consumo em cada uma delas. Nasceu a solução da perenidade da empresa com a satisfação das necessidades do ciclo vital dos sócios: ações vendidas para talentos emergentes que passariam a acumular riqueza com o crescimento da empresa daria liquidez aos sócios para realizar seus sonhos em vida. O encerramento de um ciclo alimenta os ciclos subsequentes. A sabedoria está no encontro do momento em que o desapego com o passado alimenta o comprometimento para com o futuro.

O leitor verá menções históricas e depoimentos narrados para Denise e Renato que estampam essas etapas do ciclo de vida, demonstrando que adaptações necessárias nos permitirão o desfrute da vida com sentido e a realização de sonhos em todas as fases.

Viver é uma aventura, como dizem Denise e Renato. Em nossas jornadas os desafios alimentam e prolongam as etapas dos nossos ciclos de vida, e o desapego ao passado valoriza nosso tempo presente e nos leva a olhar estimulados para o futuro.

Encerro esta apreciação do livro *Longevidade* com recomendação enfática à leitura desta brilhante síntese de trabalho de pesquisa sobre o tema e desejando que o livro convide o leitor à reflexão. Ao deixarmos de lado o modo inercial de viver, corrigimos o incorrigível modo de nos distrair das coisas importantes, nas palavras de Guimarães Rosa.

Parabéns ao menino de Monte Verde Paulista sem o qual este livro não existiria, literária e literalmente.

Wilson Nigri
Sócio fundador da Cwist,
startup que mobiliza empreendedores
com mais de 60 anos de idade,
para colocar experiência de vida
à disposição de pequenas
e médias empresas.

Mensagem ao leitor

Estimado leitor,

Em primeiro lugar, estou grato por você ter adquirido este livro e dado início à sua leitura.

O propósito desta obra é fazer provocações que o levem a refletir sobre a sua vida em suas diferentes etapas.

Evidentemente, o foco principal do livro está no aumento da longevidade e aos desafios e oportunidades decorrentes da capacidade de se reinventar.

Em grande parte, este texto é o compartilhamento de reflexões, experiências pessoais e aprendizados com participantes de seminários, clientes, esposa, filhos, genros, nora e netos.

Este conjunto de vivências foi enriquecido com a parceria da Denise, companheira de trabalho e grande amiga, que agrega com seus conhecimentos adquiridos pela pesquisa, vivência e estudo na área da gerontologia.

Este livro não é uma obra linear, ele é composto por uma série de capítulos, crônicas e depoimentos que procuram abordar questões pessoais e profissionais numa perspectiva que valoriza um projeto de vida.

Ou seja: aproprie-se da sua história e seja autor da sua biografia.

Ordene a leiturade acordo com seu interesse nos assuntos.

Boa leitura!

Afetuosamente,

Renato Bernhoeft

Sumário

O fenômeno da longevidade, 1
Experiências de vida: Parar por quê?, 6

A história do trabalho na vida do homem, 17
Provocações para refletir: Fé e sucesso financeiro têm sido fortes aliados, 29
Experiências de vida: Um interiorano revivendo a sua história, 32

A aventura de viver as fases da vida, 41
Provocações para refletir: Manter-se curioso pode alongar
a vida com qualidade, 51
Experiências de vida: Uma brasileira que nasceu no Peru, 53

Meia-idade: Uma etapa de inflexão, 67
Provocações para refletir: Viver à toa?, 75
Experiências de vida: Por que esperar chegar aos 80 anos
para fazer o que lhe faz sentido?, 77

A velhice: A sabedoria de reinventar-se, 83
Provocações para refletir: Aumento da longevidade cria
uma revolução de idosos, 90
Experiências de vida: Finalmente, minha sonhada aposentadoria, 94

Escola da vida: Educação permanente, 105
Provocações para refletir: A importância da busca de novos sentidos que
nos resignificam ao longo da vida, 111

Experiências de vida: Mulher, brasileira, atriz da própria vida, 114

Passado – presente – futuro: Partes do enigma, 131
Provocações para refletir: Vamos ver como está o seu tempo, 139

Um projeto para viver a longevidade, 145
Experiências de vida: Poetisa e analista, duas faces, duas pistas, 157

Um projeto de vida: O seu, 167

Um convite à continuidade, 171

Referências bibliográficas, 173

Indicadores, 175

O fenômeno da longevidade

É normal, uma vez que em nós é o outro que é velho, que a revelação de nossa identidade venha dos outros. Não consentimos nisso de boa vontade. Uma pessoa fica sempre sobressaltada quando a chamam de velha pela primeira vez.

Simone de Beauvoir

Você está ficando velho quando os arrependimentos são maiores do que seus sonhos.

Renato Bernhoeft

Uma das maiores conquistas culturais de um povo em seu processo de humanização é o envelhecimento de sua população, refletindo melhorias das condições de vida.

No dicionário Houaiss, o significado da palavra longevidade é "duração da vida mais longa que o comum". Partindo desse significado, parece mais fácil entendermos porque todos falam em fenômeno – e os americanos criaram a expressão *"agequake"* que poderíamos traduzir como "terremoto demográfico". Realmente, a longevidade é um fenômeno inédito para o ser humano. Ou seja, estamos vivendo e viveremos mais do que até recentemente era aceito como "mais longa do que o comum".

Segundo dados da Organização Mundial da Saúde (OMS), em 2012 810 milhões de pessoas tinham 60 anos ou mais (11,5% da população global), e as previsões são de que o número alcance 1 bilhão antes de 2022 e mais que duplique em 2050: serão 2 bilhões de pessoas idosas ou 22% da população global. Pela primeira vez, teremos mais idosos do que crianças até 15 anos.

Segundo o documento "Envelhecimento no Século XXI: Celebração e Desafio" (2012)[1], a população é classificada como em processo de envelhecimento quando as pessoas idosas se tornam uma parcela proporcionalmente maior da população total. O mesmo documento apresenta projeções:

No período de 2010 a 2015, a expectativa de vida ao nascer passou a ser de 78 anos nos países desenvolvidos e de 68 anos nas regiões em desenvolvimento. De 2045 a 2050, os recém-nascidos podem esperar viver até os 83 anos, nas regiões desenvolvidas, e 74 anos naquelas em desenvolvimento. Em 1950, havia 205 milhões de pessoas com 60 anos ou mais no mundo. Em 2012, o número de pessoas mais velhas aumentou para quase 810 milhões. Projeta-se que esse número alcance 1 bilhão em menos de 10 anos e que duplique até 2050, alcançando 2 bilhões.

Em 2020, estima-se que a população brasileira com mais de 60 anos chegará a 30 milhões de pessoas, e em 2050, a 64 milhões, ou seja, três vezes mais do que os 21 milhões de idosos de hoje.

O Brasil terá mais de 260 milhões de habitantes em 2050 com idade média de 40 anos e expectativa de vida de 81,3 anos, e cerca de 14 milhões ultrapassando a barreira dos 80 anos, pouco mais de 5% do total, segundo estimativas do Instituto Brasileiro de Geografia e Estatística (IBGE, 2010). Entre eles, por terem maior expectativa de vida, provavelmente as mulheres serão maioria.

A Europa Ocidental constitui um exemplo clássico de envelhecimento populacional, e essa é uma das principais razões para que se tenha instalado

---

[1] Publicado pelo Fundo de População das Nações Unidas (UNFPA), de Nova York, e pela HelpAge International, de Londres.

no imaginário social a falsa crença de que este fenômeno se restringe aos países desenvolvidos.

No gráfico abaixo, a pirâmide demográfica retrata a soma das populações da França, Grã-Bretanha, Itália e Alemanha e mostra claramente como as faixas etárias mais numerosas são as compreendidas entre os 40 e 60 anos, justamente a geração posterior à Segunda Guerra Mundial.

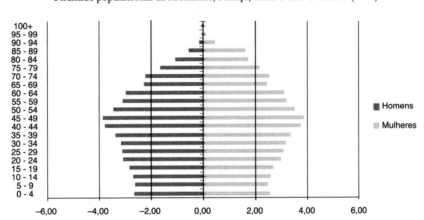

Pirâmide populacional da Alemanha, França, Itália e Grã-Bretanha (2012)

Fonte: Envejecimiento Poblacional: La bola de nieve del siglo XXI, coordenado por Daniel Esteba, UADE Lima, em 2014 e com dados do *Demographic Yearbook* 2012 da ONU.

A partir do momento que essa faixa populacional começa a formar a "terceira idade", abre-se um debate demográfico sem precedentes na história da humanidade. Se tomarmos por referência como sua base vai se encurtando, temos um claro exemplo de uma pirâmide populacional regressiva.

O envelhecimento é consequência de dois processos que, por sua vez, são multicausais: por um lado, a diminuição das taxas de fecundidade, na qual aparecem fatores culturais, econômicos, sociais e políticos que incidem principalmente na postergação da chegada do primeiro filho e também na formação de famílias menores, entre outros aspectos.

Exemplo disso é a abordagem que hoje já ocorre na Alemanha por meio da equação 4-2-1. Ou seja, estamos entrando numa fase em que para 4 avós, haverá um neto.

Por outro lado, os avanços médico-científicos-tecnológicos possibilitaram o aumento da expectativa de vida, assim como o desenvolvimento das políticas socias impulsionaram a inclusão dos maiores de 60 anos nos sistemas de seguridade social. Ambos fatores contribuíram para o aumento das taxas de longevidade.

O conjunto de todos os aspectos já exige nos dias atuais um desafiador preparo psicológico, financeiro, familiar, social e profissional para os indivíduos a partir da meia-idade.

OKINAWA, A ILHA LONGEVA

Hoje, um bebê que nasce no Japão pode esperar viver até 86 anos se for uma menina, e quase 80 se for menino.

Segundo Kenji Shibuya, professor do departamento de Política Global de Saúde da Universidade de Tóquio, as razões da longevidade japonesa têm tanto a ver com o acesso a medidas de saúde pública quanto a uma dieta equilibrada, educação, cultura e também atitudes de higiene no dia-a-dia.

O especialista e uma equipe de pesquisadores estudaram vários aspectos da cultura, da política e da economia japonesa que influenciam na forma de viver da população, e publicaram o estudo no jornal médico *The Lancet*.

"A expectativa de vida do japonês aumentou rapidamente entre os anos 1950 e 1960, primeiramente, por causa da queda da taxa de mortalidade infantil", explicou à BBC Brasil o professor Shibuya.[2]

---

[2] Retirado do artigo de Ewerthon Tobace, "Pesquisa revela segredo da longevidade no Japão". Disponível em: <http://www.bbc.co.uk/portuguese/noticias/2012/06/120618_japao_longevidade_bg>. Acesso em: 10 mai. 2016.

Depois, as autoridades concentraram esforços para combater a mortalidade adulta. O resultado positivo foi, em grande parte, consequência dessa política de saúde adotada pelo país.

Okinawa, um arquipélago situado no mar entre Japão e Taiwan, é a capital mundial da longevidade.

> Seu Miyoshi está com 100 anos de idade e quer viver até os 125. Aos 92 anos, lançou um livro de memórias. Ele escreveu: "Para conhecer as coisas novas, é preciso conhecer as coisas do passado".
>
> O segredo da vida longa estaria na cozinha? Dona Uchi fez 100 anos em agosto. Ela é conhecida como Goyá Obá, a vovó Goyá. Goyá é o nome de um legume amargo, riquíssimo em vitamina C. Faz parte da dieta dos moradores de Okinawa. Dona Uchi é porta-voz da campanha que promove o consumo de goyá em todo o Japão.
>
> Ainda faltam seis anos para seu Jimatsu chegar aos 100. Ele também atribui a longevidade ao goyá. Seu Jimatsu e a mulher, dona Kame, caminham todos os dias. Ele demorou para se dedicar aos exercícios. Os orgulhos do senhor Jimatsu são os diplomas que ele recebeu por participar de corridas de longa distância, sempre depois dos 70 anos de idade.
>
> O professor Kazuhiko Taira estuda longevidade. Ele diz que os moradores de Okinawa comem menos sal e mais algas marinhas que os do resto do Japão. Consomem duas vezes e meia mais proteína de carne. A culinária local incorpora pratos exóticos, como a irabu, uma serpente do mar.[3]

Além de todas as questões já levantadas, há um termo em japonês que poderia explicar a vida prolongada: *yuimaru*, que indica o sentido de pertencimento, a consciência de ser importante para a família e para

---

[3] Retirado do artigo do Globo Repórter, "A capital da longevidade". Disponível em: <http://globoreporter.globo.com/Globoreporter/0,19125,VGC0-2703-86-1-1939,00.html>. Acesso em: 16 mai. 2016.

a sociedade, o desejo de viver, divertir-se e trabalhar. Lá as pessoas com mais de 90 anos não param de trabalhar, praticam artes marciais, são respeitadas, e honradas e existe um profundo senso de solidariedade social que as assiste no caso de serem sozinhas. A certeza da presença da família e a espiritualidade também fazem parte deste estilo de vida.

❋ Experiências de vida

Parar por quê?

Bellini Tavares de Lima Neto

I – Aprendemos assim

Ouvi uma vez de um cidadão de nacionalidade lusitana que existe uma coisa chamada "maldição portuguesa". Segundo ele, a maldição consiste em "viver para trabalhar e morrer trabalhando". É claro que os nossos ancestrais portugueses contribuíram de maneira significativa com seu enorme esforço para o crescimento de cidades como São Paulo e tantas outras. E também é claro que a tal maldição é um exagero. Ou será que não?

Olhando ao menos para a sociedade brasileira, prevaleceram por aqui durante muito tempo alguns estigmas que marcaram as gerações. As mulheres tinham duas finalidades básicas para existir: casar e ter filhos. Como consequência, suas funções teriam que ser: cuidar da casa, do marido e dos filhos. Já aos homens cabia trabalhar, trabalhar, trabalhar sempre, o que começa a apresentar uma certa semelhança com a história da "maldição portuguesa." Será que superamos esse panorama?

Nasci num tempo em que o trabalho para menores de idade não era proibido. Ao contrário, existia uma carteira de trabalho para menores e um salário mínimo para menores. Assim, uma considerável quantidade de garotos, ao atingirem 14 anos, tratavam de tirar sua Carteira de Trabalho e iam procurar emprego. Não eram todos, claro. Só os que roíam beira de penico (forma de expressão para explicar a dureza de uma parcela considerável da meninada, mas dita numa linguagem que ateste a veracidade de que a declaração é proferida por alguém nascido na primeira metade do século passado).

A partir daí se estava apto para o trabalho. Naturalmente, havia tarefas que podiam perfeitamente ser desempenhadas com menos de 14 anos de idade, mas essas não eram reconhecidas como oficiais e, portanto, não contavam como tempo de serviço. Eu mesmo ajudei muito meu pai na farmácia que ele montou num bairro de periferia. Fazia cobranças que ninguém pagava, ia até Pinheiros, onde havia a Drogasil, para comprar medicamentos que faltavam no estoque e, então, comia o lucro nas pastelarias do antigo Largo de Pinheiros. Mas, como o patrão era meu pai, tudo acabava bem.

A verdade é que, naqueles tempos, se começava cedo, e o trabalho, desde então, entrava no circuito da "maldição portuguesa." Ficar sem trabalhar era uma desonra, além de provocar a falta do dinheirinho para uma coisinha ou outra, bobagens de adolescência e juventude. Trabalhar era imperativo por qualquer ângulo que se analisasse.

Passava a adolescência, entrava-se na juventude, que também tinha seu prazo de validade, e se chegava à idade adulta. Em boa parte dos casos, o trabalho desde cedo tinha o propósito de contribuir para o sustento da família. O salário do final do mês costumava ser entregue nas mãos da mãe, que ia administrar o dinheirinho. Parte significativa ficava para as despesas da casa, e o resto, às vezes, voltava para as mãos do mini trabalhador.

Assim se começava a praticar o exercício do trabalho, aquele referido pela "maldição portuguesa": trabalhar até morrer e morrer trabalhando. Enquanto as mulheres casavam e pariam, os homens trabalhavam. Quanto mudou nisso tudo nos dias de hoje?

II – De cara com o tempo

Existem umas tantas coisas nesta vida que muito dificilmente voltam para nós. As donas de casa mais ciosas de suas tarefas e domínios costumam dizer que uma dessas coisas são as "tupperware", que são levadas com docinhos, salgadinhos e outras delícias. Livros costumam não voltar mais. Os antigos discos de vinil dificilmente retornavam quando eram emprestados. Mas, de tudo, o que não volta de jeito algum é o tempo. Esse, de todos, é o mais intransigente. E, além de não voltar, tem uma pressa danada. Passa voando. E para os que estão afundados no trabalho, uma grande maioria, ele parece ser particularmente veloz. Quando menos se espera, pronto: passaram-se 25, 30 anos. Então, um fantasma começa a nos sondar feito alma penada, afinal, fantasma deve ser isso mesmo. Sutil e traiçoeiro, ele nos apanha desprevenidos e começa a sussurrar nos ouvidos uma cantilena assustadora. O fantasma tem nomes. Alguns chamam de fim de carreira, outros preferem o termo técnico, a aposentadoria. Durante anos a fio, o enredo foi mais ou menos o mesmo. O sujeito começa a carreira, cresce nela, alcança postos e mais postos, respeito, benefícios, alguma bajulação. As necessidades materiais vão diminuindo quando comparadas com o começo de tudo. E o sabor cativante do tratamento diferenciado coroa tudo isso. E, no melhor da festa, quando tudo parece ter chegado ao ápice, chega a vez do bendito fantasma. O tempo correu e, tal como as "tupperware", os livros e os discos, se recusa a voltar. Está pronta a cena de pânico querendo ser a apoteose do espetáculo para o qual sonhamos, a vida inteira, um final feliz. Está chegando a hora de parar.

As políticas de empresas variam um pouco, mas, de um modo geral, todas elas têm uma idade-limite que, atingida, significa o fim da carreira. Apesar de esse limite, aos olhos de muita gente pode parecer uma verdadeira crueldade, basta pensar um pouco e se vai perceber que é, de fato, absolutamente necessário. Não fosse isso, as novas gerações que chegam com vigor, energia, inovação, estariam condenadas a esperar por um tempo enorme até que os ocupantes das posições caíssem por terra cumprindo a maldição de "morrer trabalhando". Mas não é apenas esse o ponto. Por mais desagradável que seja, chega um momento em que todos nós começamos a desenvolver uma forma de resistência às mudanças. Afinal, o passar do tempo não aponta apenas para o fim da carreira profissional, indica alguma coisa muito mais assustadora, o fim do passeio pelo planeta. Correr riscos demais, a partir de um certo momento, começa a ser perigoso, pois, quer se queira ou não, recuperar perdas vai se tornando cada vez mais difícil, quase tanto quanto subir escadas. Quando, mais do que naturalmente, começamos a criar nossas defesas contra os riscos das mudanças, alguma coisa precisa ser feita. Nesse momento, dois fatores coexistem. Um deles é o que interessa à empresa, as necessidades de evolução que podem sofrer prejuízos graças à resistência de alguns. O outro é a nossa própria capacidade e disposição para nos reciclar constantemente como fizemos durante a vida toda quase sem perceber. Com o tempo, a reciclagem se torna mais penosa, o esforço precisa ser maior e isso, convenhamos, traz um evidente desconforto. E o que era o prazer do trabalho, pode começar a se tornar um fardo duro de carregar. O que pode ser pior que despender tempo e energia com algo que já não dá o mesmo prazer? Pois é, o tempo de parar pode até variar de caso para caso, mas é inevitável. É claro que existe uma alternativa – assim como também existe para a velhice. Não quer ficar velho? Simples, morra jovem. Mas isso lá é alternativa que se apresente?

III – Multifocando

Por quantos estágios diferentes passamos vida afora? Nascemos sem nada e começamos a nos preparar. Somos preparados para desmamar, para andar, para tirar as fraldas e a chupeta. Depois, vamos à escola nos preparar para um desenvolvimento que vai alcançar nossa vida intelectual e nossa carreira profissional. Passamos anos nessa preparação. E ninguém reclama dela porque são etapas naturais da vida. Entramos na fase profissional e começamos a nos preparar para galgar novos postos, superar barreiras, crescer. E ninguém se queixa dessa fase preparatória. Em meio a isso tudo, o melhor da história é que estamos vivendo. Então o tempo vai correndo, e começamos a nos aproximar do que se convencionou ver como o momento fatídico da mudança de patamares, o momento de parar. Ora, essa é só mais uma etapa do ciclo natural da vida. O tempo vai nos trazer benefícios valiosos como sabedoria, prudência, equilíbrio. E também vai nos legar uma dorzinha aqui, uma falta de fôlego ali. Por que isso há de ser sempre visto como tragédia? Por que representa o fim? Ora, se há alguma coisa mais certa no ocorrer e incerta no quando ocorrer, é exatamente esse fim. Por que, então, não se pensar em uma preparação para essa nova etapa, tal como fizemos com toda naturalidade nos períodos anteriores?

Então, chegou o nosso momento de parar. Não conseguimos segurar o tempo, não há como contornar as regras da empresa nem as exigências do mercado. E também não morremos jovens. Nesse momento, ao menos nesse momento, deveríamos perceber que cometemos um erro grosseiro quando nunca nos preocupamos em pensar nisso. Pensamos em cada uma das etapas anteriores da vida e ignoramos essa nova. Enfiamos a cabeça no buraco, avestruzes humanos que muitos tendemos a ser.

Mas, já está feito. E, como dizem os gaúchos, não se está morto enquanto se peleia. Para os que preferem esconder a cabeça, o curso pode se tornar complicado. Quem não conhece histórias de pessoas que vão adiando esse momento e acabam por ser colocadas na mesa de canto? Os papéis sobre a mesa começam a diminuir, as chamadas no telefone vão rareando, exceto a da parceira ou parceiro que quer saber como vão as coisas. Definitivamente, fazer de conta que tudo está como sempre foi é um engano dos piores. Não resolve nada e ainda faz o caminho muito mais espinhoso.

É exatamente nesse momento da vida que aparece a alternativa que, quase sempre, resolve os impasses. Como se sabe, esse momento é geralmente conhecido como o momento de parar ou, mais tecnicamente, o momento da aposentadoria. De fato, é o momento de parar, o momento da aposentadoria, mas também é o momento de se refletir e enxergar isso tudo como a nova etapa da vida em que estamos entrando. Podemos chamá-la de pós-carreira.

É exatamente nessa etapa da vida que mais vamos precisar do que sempre foi a nossa maior arma: a reflexão. Será que, com essa parada, nosso coração velho vai parar também? Bem, isso sempre é possível. Mas também não é necessariamente assim. É que existe uma informação das mais importantes que, no entanto, nunca nos dispomos a buscar ou, até mesmo, a questionar: existe vida fora do trabalho? Por mais espantosa e incrível que possa parecer, a resposta é afirmativa. Existe, sim, vida e muita vida fora do trabalho. Eu sei que essa afirmativa costuma causar espanto e incredulidade, mas está provado que é verdade. Existe vida fora do trabalho e se trata de uma vida muito divertida, eletrizante, cheia de emoção, prazer e, além de tudo, útil.

IV – Treino é jogo

Comecei a pensar em aposentadoria quase dois anos antes de isso se concretizar. E, antes que alguém possa dizer que estou querendo me passar por alguém especial, consciente e tudo mais, convém dizer que, na primeira vez que pensei no assunto, levei um susto danado e tratei de mudar de conversa. É claro que essa primeira investida não saiu do nada. Lembro bem que eu estava em uma reunião no exterior, uma das muitas iguais que já havia atendido. Comigo estavam diversos profissionais ainda jovens e entusiasmados com a oportunidade de uma reunião na matriz da empresa. Era exatamente o mesmo entusiasmo que eu senti quando comecei a participar desses eventos. Só que, daquela vez, estranhamente, aquilo tudo me parecia um tanto enfadonho. A sensação me incomodou, mas não consegui deixar de pensar nela. Foi quando comecei a desconfiar o que aquilo poderia ser.

Eu contava, nessa época, 58 anos de idade. A empresa para a qual trabalhei minha carreira toda tinha, como limite para aposentadoria, os 65 anos de idade. Eu estava a exatos sete anos do grande momento, quisesse ou não. Por sorte, ou seja lá por que outra razão, minha postura diante daquilo não foi apenas de susto. Também comecei a materializar um pouco aquela situação. Depois de muito pensar no assunto e sentir medo, achei que era hora de verbalizar aquilo. E, pela primeira vez, depois de várias tentativas, consegui pensar em voz alta. Pensar em voz alta quer dizer isso mesmo: falei para mim mesmo tendo, apenas, o cuidado de me certificar de que não havia ninguém por perto. Ouvi, então, uma voz falando na minha aposentadoria. Mesmo sendo a minha própria voz, confesso que foi meio assustador. Mas, para minha sorte, o primeiro passo estava dado.

O processo durou dois anos. A princípio éramos apenas nós dois: eu e a minha voz alta. Nessa hora começaram a acontecer coisas curiosas. Pensamentos inteiros se formavam na minha cabeça, como se alguém os tivesse colocado lá. "Vai chegar um dia que será segunda-feira, eu não vou estar em férias, não será feriado e eu não vou acordar cedo e ir para a empresa. E nem na terça, nem na quarta e nem nunca mais." O traste vinha inteiro, pronto, olhos faiscando para me atormentar. E conseguia. Mas, como tudo o que se repete demais, até mesmo os medos, acaba se banalizando, fui me tornando um pouco mais íntimo daquilo, a ponto de conseguir estabelecer um diálogo com ele. E, a partir daí, passamos a conversar com mais frequência. Ele fazia aquela cara feia, e eu tentava ponderar que talvez houvesse uma saída para aquilo não ser tão assustador. E uma das coisas que descobri foi que não deveria prolongar demais o processo, não deveria esperar a chegada da data limite. E isso porque, já que teria que continuar a viver e começar alguma outra atividade, não me pareceu muito interessante postergar demais esse reinício.

Foi mais ou menos nessa época que a empresa para a qual eu trabalhei deu início a um processo que se mostrou vital para o grupo de candidatos, comigo incluído, à nova vida: a preparação para o PÓS-CARREIRA. A simples denominação, PÓS-CARREIRA, para a nova etapa de vida que viria de qualquer forma, já foi um alento. Nunca havíamos, nem eu nem meus companheiros da época, pensado dessa maneira. Mas, o que se viu, foi uma adesão quase entusiasmada por parte de todos.

No curso desses dois anos, a ideia de me aposentar ganhou corpo e se tornou real. Quando comuniquei ao meu gerente que essa era minha intenção, ele quase desmaiou do outro lado da linha. Foi um custo convencê-lo de que era aquilo que eu havia decidido fazer. Depois de algumas conversar, ele acabou aceitando, e começamos a planejar a minha sucessão. No entanto, apesar de tudo encaminhado, nada foi simples, lépido e fagueiro. Houve muita noite em que eu me deitei, e o sono cedia lugar a um outro pensamento pronto, vindo sei lá de onde: "Bem, vou completar 60 anos e vou me aposentar. Portanto, minha vida acabou". Lá vinha ele, outra vez, e agora acompanhado de um reforço poderoso: a "maldição portuguesa." Veio uma, veio duas, veio três vezes, foi vindo até se tornar íntimo. Então, começamos a conversar, eu e ele, o pensamento importado. Morrer aos 60 anos, é claro que eu poderia. Assim como poderia ter morrido aos 30, aos 40, aos 50. Então, aquela parte da armadilha não era das mais fortes. Já com relação à maldição lusitana, também era no mínimo discutível. Seria mesmo verdade que, fora do trabalho, não existia mais nada a se fazer que fosse agradável, prazeroso e útil? Ora, bastava pensar um pouco e eu encontraria algumas delas que faziam todo sentido para mim. E assim fomos esgrimindo, o pensamento e eu, até que nos tornamos íntimos e mutuamente neutros.

V – Terceiro tempo

Se os quase 38 anos de empresa pareceram passar voando, os dois anos que antecederam o encerramento da carreira também não foram menos velozes. Só que, agora, eu tinha um foco bem mais definido. E foi exatamente assim, dividido entre as obrigações do trabalho e os preparativos para a nova etapa, que eu caminhei nesses dois anos. Fomos em busca de quem ocupasse o meu lugar, e essa talvez tenha sido a melhor parte de todo o processo. Minha equipe sempre foi muito cara a mim. Sempre prezei muito o grupo a quem sempre entendi dever a minha própria sustentação como profissional. Ninguém é ninguém se não contar com uma equipe séria, honesta e leal. O mínimo que eu devia a eles era buscar alguém que soubesse respeitá-los. Contei com a plena concordância da empresa e isso talvez tenha sido uma das mais importantes recompensas.

Recebi orientações muito interessantes no curso desse período. Uma delas, inesquecível e que sigo rigorosamente até hoje, dizia respeito ao café da manhã. Fui aconselhado a evitar de todas as formas possíveis cair na tentação de acordar, sair do quarto e tomar o café da manhã de pijama. Trata-se de algo emblemático. O quarto de dormir e o pijama servem para o repouso. O resto do dia é para se colocar em prática tudo o que planejou. Verdade incontestável e dica cheia de sabedoria.

Meu último dia de contrato de trabalho foi 31 de janeiro de 2008. Mas eu confesso que "matei" o último dia. Saí no dia 30 de janeiro sem despedidas, que preferi evitar e, no dia seguinte, viajei para o litoral com a parceira que, aliás, já contava os dias para começar a nova etapa de vida. A essa altura, eu já tinha perfeitamente traçados meus planos para dar sequência ao que pretendia fazer. E me refiro a "dar sequência" porque, já no curso dos dois anos, depois de ter pensado e refletido sobre o que gostaria de fazer, é claro que comecei a colocá-los em prática. Mesmo que ainda dispondo de pouco tempo, pois o resto era devido à empresa, sempre foi possível ensaiar como seriam os meus dias.

Eu, particularmente, optei por levar adiante dois sonhos de juventude que sempre me acompanharam e que acalentei. Mas é importante ressaltar que aí reside o mais particular de todos os aspectos, que é algo chamado "individualidade". Cada um de nós tem sua identidade e, por conta disso, não pode haver fórmulas ou regras a se planejar. Se a alguém agrada prosseguir, de outra maneira e em outro estilo, em algum tipo de atividade profissional, que assim o faça. O que importa, na verdade, é construir a consciência de que, na nova fase, no PÓS-CARREIRA, essa atividade não contará mais com o chamado "sobrenome profissional", o nome da entidade que se representa por anos a fio e que, em certa medida, acabamos incorporando à nossa própria personalidade. Tomado esse cuidado, o resto é só uma questão de abraçar os nossos tempos e passar a vivê-los. Logo se vai perceber que a vida mudou, mas não perdeu o brilho, e é sempre possível nos sentirmos úteis e produtivos como nos víamos antes dessa fase.

Eu nunca vou me esquecer da reação de uma de minhas filhas quando contei que iria me aposentar. Ela comemorou aquilo e brincou comigo dizendo que sentia uma ponta de inveja. E eu disse a ela que, se estivesse na idade dela, não teria o menor desejo de me aposentar. Todas as coisas têm seu tempo certo, e é só prestar atenção. Quando eu era menino, sonhava muito em ter muitas bolas de futebol. Não era possível. Hoje, entro em uma loja de esportes e vejo as bolas brilhantes, coloridas e penso que poderia comprar diversas delas. Mas não teria o que fazer com elas agora. Isso, no entanto, não tira delas a magia que me provocavam quando eu era menino. Assim é a vida e seus tempos.

A história do trabalho na vida do homem[4]

O que o dinheiro faz por nós não é nada em comparação com o que a gente faz por ele.

Millôr Fernandes

Vivemos, de modo incorrigível, distraídos das coisas mais importantes.

Guimarães Rosa

Um dos grandes aprendizados da vida adulta, para os quais nossa sociedade não nos prepara, mas precisam ser vividos a cada instante, é justamente a necessidade do equilíbrio entre trabalho e desfrute, a decisão em optar por mais vida em nossos dias ou mais dias em nossas vidas, em administrar um tempo que necessariamente corre. Estas frases parecem conter antagonismos, afinal o trabalho pode se demonstrar como a única fonte de desfrute para muitos. Outros necessitam primeiro trabalhar intensamente para depois desfrutar. Há aqueles, poucos, é verdade, que foram educados na linha de que o importante é só desfrutar.

---

[4] Este capítulo pertence originalmente ao livro *Trabalhar e desfrutar:* Equilíbrio entre vida pessoal e profissional (1991), de Renato Bernhoeft, e foi aqui publicado com atualizações.

Entre esses dilemas, na maioria das vezes habitantes do nosso inconsciente, encontram-se a decisão de onde investir nosso tempo: no prazer ou no trabalho; e nossa energia: no presente ou no futuro; mais dias em nossas vidas ou mais vida em nossos dias?

É evidente que cada um desses extremos apresenta distorções e tem induzido as pessoas a passarem boa parte de sua existência buscando um sentido para a sua própria vida. E é quando buscamos este sentido que construímos nossa identidade, que certamente estará próxima da relação que estabelecemos entre o trabalho e o desfrute, entre passado, presente e futuro.

Entre pais e mães aflitos que dedicaram sua juventude, socialmente reconhecida como tempo dourado, cuidando dos filhos para só desfrutar depois, temos visto o vazio que esta descoberta tardia representa. Executivos que gastam o precioso tempo de seus melhores anos na busca frenética por uma carreira de sucesso, e que só mais tarde descobrem que deixaram de viver momentos importantes de sua vida pessoal, conjugal e familiar. Empreendedores que constroem verdadeiras fortunas, pensando em si e nos filhos, e que chegam ao final da vida resignados porque não desfrutaram de suas próprias conquistas e decepcionam-se com seus filhos. Políticos que no afã de entrarem para a história terminam deixando frustrações encobertas, que serão reveladas mais tarde, desmistificando ilustres figuras pelo lado pessoal. Artistas, heróis e figuras destacadas, em diferentes modalidades, de caráter público, que conseguem fama, reconhecimento, dinheiro, alegria e badalação, mas que terminam suas vidas de forma melancólica ou trágica.

Enfim, a relação de exemplos pode ser infinita. É um duro retrato de nossas sociedades tidas como modernas. Mas é bem verdade que não temos evoluído com a felicidade da mesma maneira que temos obtido avanços técno-científicos.

Obter equilíbrio entre trabalho e desfrute não é apenas uma questão psicológica. A descoberta, que é individual, está vinculada a contribuições oriundas da história, antropologia, medicina, sociologia, questões biológicas, filosóficas, religiosas, climáticas, econômicas, sociais e políticas. Ou seja, não se resume em receitas simplistas ou fórmulas mágicas de sucesso.

Envolve uma descoberta gradativa, resultado de uma busca permanente. Tem muito a ver com as transições que ocorrem em nossas vidas e para as quais, muitas vezes, não estamos preparados. Ninguém nasce sabendo ser filho, muito menos marido, pai ou avô. São estados que se aprende ou não a ser durante nossa vivência. As crises e as frustrações da vida não devem ser eliminadas, afinal elas são nossas grandes oportunidades de aprendizado quando vividas e experienciadas. É com elas que ganhamos corpo e identidade, que nos sentimos pertencentes ao mundo real, aquele de mortais sofredores em busca da felicidade como estado permanente.

Muitas vezes temos sido educados dentro de uma ótica em busca de uma fórmula de vida permanente, imutável. Outras ainda, com uma visão dualista, do tipo certo e errado, branco ou preto, presente ou futuro, trabalho ou desfrute etc. Esta visão simplista tem criado muito mais ansiedade do que capacidade para a resolução de questões importantes na vida. Viver é uma aventura digna de ser vivida intensamente. Mas exige, acima de tudo, capacidade permanente de busca constante para entendê-la no seu significado e administrá-la em sua essência e manifestações. E ainda no seu maior desafio – sua duração, além de limitada, é também desconhecida.

Analisemos um pouco as origens do trabalho e de que maneira o desfrute acompanhou as mudanças que ocorreram em vários momentos da humanidade.

O homem pré-histórico não tinha que refletir muito sobre a necessidade de trabalhar, pois a sua própria subsistência dependia de realizar atividades mínimas para que pudesse enfrentar seu cotidiano. Possivelmente, uma grande diferença entre as suas preocupações e as do homem moderno seja mais naquilo que se refere às atuais inquietudes com o futuro, que terminam dificultando o desfrute do presente. Sobre este tema, veremos um capítulo mais à frente.

As guerras também introduziram transformações na maneira de combinar duas situações. Vencidos deveriam fazer todo o trabalho, especialmente os mais pesados, enquanto que vencedores desfrutariam da ociosidade como demonstração e prêmio à sua superioridade militar.

Na Bíblia encontramos referências como quando Adão é expulso do Paraíso, símbolo e sinônimo do desfrute mais completo, sendo condenado a trabalhar e manter-se com o suor do seu corpo. O conceito do sétimo dia como "dia do descanso" também reforça algumas teses do "prêmio" no futuro, ou seja, trabalhe bastante para merecer o descanso depois. Em seguida, vem a ideia de que o paraíso existe para aqueles que, nesta vida, sofreram as maiores provações e privações, reforçando o desfrute como habitando sempre o futuro; e o trabalho, o presente.

Entre os conceitos religiosos mais arraigados em nossa sociedade ocidental está o *hobby*, que é de origem calvinista e vem da ideia de que "o trabalho é uma forma de adoração, o ócio é pecado". Portanto, é importante manter-se todo o tempo com a mente e o corpo ocupados. Assim sendo, existem pessoas que se sentem culpadas se não estão "produzindo" algo, mesmo em seu tempo de lazer. O tempo livre não existe. Será que nos tornamos escravos do tempo?

Giannetti afirma, então, um paradoxo:

> Quanto mais cuidamos de usar racionalmente o nosso precioso tempo, mais o vírus da pressa, a espora da aflição e o fantasma do desperdício os perseguem. Quanto mais calculamos o benefício marginal de uma hora "gasta" desta ou daquela maneira, mais nos afastamos de tudo aquilo que gostaríamos que ela fosse: um momento de entrega, abandono e plenitude na correnteza da vida. Na amizade e no amor; no trabalho criativo e na busca do saber; no esporte e na fruição do belo – as horas mais felizes de nossas vidas são precisamente aquelas em que perdemos a noção da hora. O excesso de juízo carece de juízo (GIANNETTI, 2012, p. 123).

Hoje em dia vemos muitos pais que, contaminados por esta influência, mantêm seus filhos permanentemente ocupados, crianças que em sua agenda não possuem um tempo para "fazer nada"! A hora do fazer nada muitas vezes acaba ocupada pelos espaços virtuais nos quais outro conceito de tempo e espaço foi criado e que descuidadamente hoje é vivido por crianças, jovens, adultos maduros e, cada vez mais, é o espaço preferido dos idosos, porque nele nem o tempo é real.

Os gregos, que produziram abundantes ideias e conceitos filosóficos, valorizavam o desfrute como forma de permitir a reflexão e o desenvolvimento espiritual. O trabalho manual era menosprezado na cultura grega, destinado exclusivamente aos escravos. Sócrates destacava a ociosidade afirmando que "a natureza não faz ninguém sapateiro ou ferreiro, pois tais ocupações são degradantes para quem as exerce, tornando-os pobres mercenários, miseráveis sem nome que são excluídos dos direitos políticos em função do seu mesmo estado".

Além do desenvolvimento espiritual, os gregos davam muita importância ao aperfeiçoamento físico. Prova mais evidente foi a criação dos Jogos Olímpicos, iniciados em 776 a.C.

Roma herdou, como também adaptou, esses princípios da cultura helênica. Foram os romanos que cunharam as expressões mais fortes que diferenciaram os estados de trabalho e ociosidade. O *otium* referia-se ao descanso, divertimento ou distância dos negócios públicos ou políticos. Da sua própria negação, nasceu a palavra *negotium*, que significa assunto desagradável, atividade política ou particular. Cícero inclusive afirmava que "tudo que se intitula negócio é indigno do homem honrado... na medida em que os comerciantes não podem ganhar sem mentir". Ainda do latim vulgar vem a palavra *trimpalium*, que significa trabalho e era um instrumento utilizado para obrigar os escravos a cumprirem seus deveres, por três barras pontiagudas sobre as quais se colocavam os considerados "preguiçosos".

Mesmo assim, os romanos modificaram algo da visão grega, pois o desfrute começou a ser uma forma de recuperar-se das energias gastas no trabalho.

Já na época medieval, a influência da Igreja sobre as artes pode ser observada nas suas diferentes manifestações. Os artistas medievais representavam o "paraíso celestial" como um lugar eterno de prazer, que só seria alcançado por meio de sacrifícios e realizações terrenas. São Benedito tentava obter certo equilíbrio entre trabalho e devoção com a divisão das horas de atividades dos seus seguidores. São Tomás de Aquino exigia um excedente de trabalho para permitir, aos que o desejassem, "dedicar parte do seu tempo à meditação ou louvor a Deus".

Nesta época a divisão do trabalho era mais ou menos a seguinte: 12 horas de trabalho duro e 12 horas restantes para satisfazer às necessidades biológicas, tais como dormir e comer.

Até o século XV, o ócio era símbolo de um estado privilegiado do qual poucos eram merecedores. Contudo, o senhor feudal, que vivia nos campos de batalha comandando seus exércitos, tinha, ao retornar, o problema de preencher seu tempo livre. Segundo Michel Massian, no livro *La caballería*, ele dividia seu tempo da seguinte maneira:

1. Competir em torneios;
2. Caçar;
3. Pescar em água doce ou salgada;
4. Passear;
5. Durante o inverno, aquecer-se e fazer amor junto à lareira;
6. No verão, refrescar-se na chácara;
7. Recepcionar os "jogadores" de passagem;
8. Aprender e ensinar esgrima;
9. Organizar disputas entre animais;
10. Jogar xadrez ou dados;
11. Comer e beber;
12. Recepcionar convidados;
13. Cortejar donzelas;
14. Sangrar-se com uso de sanguessugas;
15. Apreciar a paisagem pela janela.

Podemos observar que esta estruturação do tempo exerce ainda influência nos dias atuais. As festas populares em locais públicos eram parte das atividades dos plebeus. Os nobres apenas as assistiam.

Além da Igreja, um outro fator importante na distribuição do tempo era o clima e suas consequências, especialmente as colheitas.

A concepção do tempo relativo ao trabalho e ao desfrute começa a se modificar durante o Renascimento, uma das mais marcantes épocas de transição, quando surgem as bases para uma nova filosofia industrial. Na segunda metade do século XV, os filósofos e artistas reunidos pelos Médici reexaminam os conflitos entre trabalho e desfrute, traduzidos sobre o enfoque da vida ativa e da vida contemplativa. O ponto principal desta análise colocava o homem e sua realização pessoal como foco importante da vida, em substituição às preocupações com Deus e a vida eterna.

O protestantismo, com a reforma de Martinho Lutero, recupera a importância do trabalho. Considerado como condição *sine qua non* nos países protestantes para se obter a vida eterna, o trabalho é o meio pelo qual se chega a Deus.

Esta filosofia coincide com os conceitos nascentes do capitalismo, que valorizam a produção e acumulação de riquezas. Embora não seja característica exclusiva dos países protestantes, o capitalismo alterou profundamente os conceitos relativos ao trabalho e sua relação com o desfrute.

Para os protestantes, o descanso dominical é observado com muito rigor, mais ainda que nos países católicos. Ao eliminar o culto aos santos são reduzidas as festas e, consequentemente o tempo de lazer. O puritanismo coloca a preguiça entre os seus sete pecados capitais, e o ócio ganha um sentido pejorativo, oposto ao trabalho, que é considerado nobre na medida em que permite a realização humana como meio de se obter a dignidade e a purificação.

No século XVIII, Voltaire reforça essa divisão referindo-se à importância do trabalho técnico e artesanal: "O trabalho afasta de nós três grandes pragas, que são o tédio, o vício e a necessidade".

Os argumentos puritanos do século XVIII estimularam posturas empresariais que passaram a exigir jornadas de até dezesseis horas. Até o surgimento da sociedade industrial, a segunda-feira era considerada dia santificado, em que não se trabalhava para dedicar-se ao convívio com os amigos. O domingo era destinado à convivência familiar. Ao mesmo tempo era grande o número de festas pagãs associadas às atividades agrícolas (semear e colher).

A Revolução Industrial trouxe a rotina dos horários e atividades e o controle dos operários por meio do relógio e da linha de produção. Os conceitos de racionalidade, organização e métodos passaram a ganhar importância. Separa-se, ainda, a atividade intelectual da manual e valoriza-se a dedicação ao trabalho como forma de se obter maiores ganhos para compensar, pelo poder aquisitivo, a crescente ausência em casa e a dedicação à empresa.

Um exemplo característico desta época é a importância que ganha nas famílias e escolas a fábula *A cigarra e a formiga*, contada em prosa e verso. Na Igreja são exploradas as figuras de São José, o carpinteiro, e Jesus, o artesão.

A doutrina marxista critica o excesso de trabalho como forma de manter um processo alienante, na medida em que não permite tempo para reflexão, participação ou criatividade. Surgem, no século XIX, outros defensores do tempo livre para compensar as necessidades humanas não satisfeitas pelo trabalho.

Esta tendência reduz-se apenas em alguns países pelo temor das greves e manifestações dos trabalhadores insatisfeitos com suas condições de trabalho.

Atingindo o período entre as duas grandes guerras, é possível perceber a forte influência inglesa, que se estende também ao resto da Europa, com a valorização do trabalho como status, em oposição ao ócio como estado degradante, sem sentido e símbolo da libertinagem.

Durante os anos 1960, o movimento *hippie* realizou um grande esforço para valorizar o desfrute como um direito e necessidade do homem.

Os dados atuais, de países mais desenvolvidos, mostram uma verdadeira inversão no número. Segundo relatório da Organização Internacional do Trabalho: "Quase um século se passou desde a adoção da primeira norma internacional sobre a jornada de trabalho, que estabelece o princípio das oito horas por dia e 48 horas por semana; e 70 anos desde que a semana de quarenta horas foi adotada como padrão que os países deveriam almejar"[5]. Com isso, há mais de cem anos atrás o homem trabalhava setenta horas semanais e vivia, em média, 40 anos. Agora, as mulheres vivem em média 73 anos e os homens 68 e trabalhamos quarenta horas.

Em nossas análises através de trabalhos executados com profissionais sobre as preferências dos dias da semana, é possível verificar algumas tendências. Os habitantes das áreas urbanas tentam valorizar a necessidade de um equilíbrio entre trabalho e desfrute ao considerar a sexta-feira, em sua grande maioria, como o dia mais agradável da semana, e a segunda-feira, além, é claro, do final do domingo, como um dos piores.

A ética do trabalho está sendo contestada dentro do seu próprio reduto, que é a empresa. Isto vem acontecendo em todo o mundo. Assim como o trabalho permite conquistas e status, o tempo dedicado ao lazer e à qualidade de vida ganha espaço e importância equivalentes. Os sindicatos, a tecnologia, as telecomunicações e a própria descoberta da falta de sentido para a vida estão transformando homens e mulheres em defensores de uma postura mais equilibrada em busca da realização pessoal e profissional.

O desenvolvimento de uma acentuada economia de serviços tem criado novos desafios para a administração. Turismo, hotelaria, diversões, comunicações e redes sociais deverão desenvolver-se cada vez mais como formas de preenchimento do tempo, sem a perda do sentido de satisfação e da qualidade de vida.

---

[5] Relatório "Duração do trabalho em todo mundo", 2009, OIT.

Mas, apesar dessas perspectivas, não devemos acreditar que o simples progresso tecnológico e científico possa proporcionar melhores condições ao ser humano. Vivemos atualmente um dos grandes desafios que nos foram propostos por tais avanços – a Longevidade. Ganhamos com ela a concretização dos maiores desejos do ser humano: mais anos de vida. Porém, esses anos prolongam a velhice. O termo "envelhecer" é ambíguo. Essa ambiguidade já aparece em seu significado no dicionário: 1. tornar-se velho, 2. (fazer) tomar aspecto de velho, idoso, antigo, 4. tonar-se antiquado, desusado.[6]

"Ficar mais velho" não é um dos sinônimos encontrados no dicionário, porém é um dos significados. Hoje estamos mais velhos que ontem e amanhã estaremos mais velhos que hoje. Mas o envelhecimento está carregado de significados negativos que estão normalmente associados no sentido técnico de um progressivo declínio das funções corporais, quer dizer, no sentido de avanço da senectude ou senescência.

Este enfrentamento é mais um dos dilemas, diríamos que atualmente um dos maiores da sociedade moderna, porque alcançamos a longevidade tão esperada – e jamais alcançada pela humanidade – sem nos preparar com projetos, sonhos e objetivos para esse futuro que só não chegará àqueles que antes morrerem.

William Bridges, em seu livro *Transições: compreendendo as mudanças da vida*, relaciona dez recomendações (BRIDGES, 1982 apud BERNHOEFT, 1991, p. 22) para se administrar esta transição em prol da busca de uma felicidade mais completa. São elas:

1. **Não se apresse** – O processo interior tem uma velocidade própria. Não se abale nem se deixe levar exclusivamente pelas influências e velocidades das mudanças que ocorrem no mundo exterior.

---

[6] Dicionário Houaiss da Língua Portuguesa.

2. **Arrume estruturas temporárias** – Se você está insatisfeito com a sua situação atual, mas ao mesmo tempo tem receio de realizar uma grande mudança em sua vida, desenvolva atividades e estruturas temporárias enquanto experimenta. Não mude radicalmente, a menos que esteja seguro. O retorno pode ser pior, e o temor de fracasso pode inviabilizar sua realização.
3. **Não aja só por agir** – Muito cuidado com a ilusão de que basta agir para mudar. Planeje pelo menos o mínimo e converse sobre o assunto o máximo, coloque no papel, o erro aí custa menos emocional e economicamente. Estude o assunto com algum afinco. Não apenas em teoria, mas em contato com outros que já tentaram, tendo conseguido ou não.
4. **Descubra por que você não está bem** – O melhor de uma crise é conseguir sair dela. Ao não se sentir bem, procure descobrir por que isso está acontecendo. Sem conhecer as causas vai ser muito difícil seguir em frente. Cuidado com as soluções fáceis sem resolver questões passadas.
5. **Cuide-se nas pequenas coisas** – Ao fazer grandes transformações, tenha em mente que preservar e tratar de pequenos assuntos é importante como forma de sustentação. Preserve o equilíbrio entre as grandes mudanças cuidando também das pequenas preocupações e hábitos. Encontrar equilíbrio entre trabalho e desfrute pressupõe valorizar ambos com a mesma importância.
6. **Explore o outro lado da mudança** – Nem tudo que nos acontece na vida é por nós escolhido. Observe aquilo que está fora do seu controle e verifique se não existe algo que possa contribuir positivamente. Não assuma um papel passivo, mas ativo em relação às influências externas, agindo sobre elas também.
7. **Procure alguém com quem conversar** – Tenha à disposição um bom ouvinte. Pode ser um amigo de verdade, um conselheiro, analista, parceiro ou parceira ou ainda um guia espiritual. Você não precisa de conselhos, pois o encaminhamento dos seus

assuntos é questão sua. Cuidado com aqueles que estão dispostos a lhe apresentar soluções ou receitas. Fuja deles.

8. **Descubra o que o está aguardando nas asas de sua vida** – Descubra potencialidades não exploradas até agora. Elas existem no que se refere ao trabalho como também naquilo que deve ser desfrutado. Quem sabe estas novas descobertas possam contribuir para um maior equilíbrio de vida e felicidade?

9. **Use essa transição como impulso para um novo tipo de aprendizado** – Descubra o aprendizado que vem de sua própria experiência e realidade. Verifique o que tem em comum em suas expectativas, frustrações e desejos. Tente verificar no que eles ampliam e são diferentes do aprendizado que você obteve no sistema convencional de ensino. Em geral, a escola mais deforma do que forma. Explore suas próprias capacidades.

10. **Reconheça que a transição tem uma forma característica** – Faça um esforço para reconhecer as características da transição e o que ela exige como esforço para não gerar frustração. Tire proveito dela e siga em frente após uma sensação de vazio, que pode ser convertida em período fértil para se prosseguir.

Essa sequência histórica dos conceitos, conclusões, conflitos de ideias e práticas do trabalho e do desfrute nos inicia e nos provoca para uma reflexão em relação ao tema.

Neste capítulo desenvolvemos não apenas uma descrição, mas também algumas ideias de como encaminhar o assunto a nível individual, que é por onde as grandes transformações podem e devem começar. Só a partir daí é que elas acontecerão, na teoria e na prática.

> Provocações para refletir

FÉ E SUCESSO FINANCEIRO TÊM SIDO FORTES ALIADOS

Os primeiros estudos sobre a relação existente entre a religiosidade e o universo financeiro surgem no trabalho e nas observações do sociólogo Max Weber, de uma forma mais aprofundada e de forte impacto no início do século XX, através da sua obra *A ética protestante e o espírito do capitalismo*, publicada em 1905. Segundo ele, "a ideia de acumulação capitalista nasceu da ética protestante não por atuação da igreja, mas, inadvertidamente, como resultado das suas crenças".

Posteriormente, os chamados movimentos que nasceram sob a denominação de neopentecostalismo intensificaram a pregação baseada na chamada "teologia da prosperidade". Eles procuravam romper com a mensagem fatalista de que tudo era simplesmente a vontade de Deus. Além disso a fé representava tão somente uma promessa de uma vida melhor, mas apenas num futuro, e em outras vidas e dimensões.

Introduziram um discurso e práticas de ações que visavam mostrar resultados num prazo mais curto. Ou seja, no presente.

Segundo o professor Laurence Iannaccone, da Universidade George Mason, pioneiro nas pesquisas sobre a relação entre economia e religião, "há 25 anos, não somente a religião influencia a economia, mas a economia é fundamental para entender a religião".

Iannaccone, ao estudar grupos religiosos como os mórmons, testemunhas de Jeová e os amish – comunidades religiosas espalhadas por vários estados americanos, algumas inclusive rejeitam a tecnologia moderna –, percebeu que embora vistos como "lunáticos" pelos que veem de fora, tais grupos oferecem uma série de "serviços" aos seus seguidores.

"Ser membro de um grupo sectário pode ser, na verdade, um bom negócio para o indivíduo", diz Iannaccone. "Esses grupos produzem bens comunitários, confiança, solidariedade e ajuda mútua, bens que as pessoas não podem simplesmente encontrar no mercado."

Reforçando todas essas conclusões, um economista e uma socióloga de Harvard – Robert Barro e Rachel McCleary – escreveram um artigo intitulado "Religião e crescimento econômico", no qual afirmam que "a concepção equivocada que estamos tentando corrigir é que o desenvolvimento econômico elimina a religião, que ele necessariamente seculariza uma sociedade".

Os dois prosseguem afirmando que "muita gente acredita que, quanto mais educadas e ricas, menos as pessoas precisam acreditar em Deus e na vida após a morte. Na verdade, nós encontramos níveis altos de crença religiosa em sociedades industrializadas, embora haja baixa frequência à igreja".

Os estudos realizados no Brasil pelo antropólogo Ronaldo de Almeida também concluíram que "o discurso religioso – das denominações neopentecostais – é muito voltado para os problemas cotidianos, tais como o desemprego, a fila no banco, a crise familiar, o orçamento doméstico etc. Enquanto que os grupos religiosos considerados mais tradicionais ainda mantêm uma proposta voltada para o valor de uma nova vida, após a morte". Ou seja, para um futuro incerto e duvidoso.

Ainda segundo o teólogo e professor do Instituto Metodista, o coreano residente no Brasil Jung Mo Sung, que se dedica a pesquisar os efeitos da religião na economia, "shopping centers têm uma cara, e até um jeitão de igreja. Eles possuem portal de igreja, torres, cúpulas, pirâmides, e até uma iluminação distinta, tanto de dentro como de fora lembra. Um efeito similar ao das catedrais".

Segundo ele, existe "uma estrutura teológica fundamental no coração da teoria econômica. A economia importou o discurso religioso do sacrifício. É uma exigência divina, pois se fizer com obediência, você terá a recompensa. Se você se rebelar, não obterá a recompensa. E vai para o inferno. Ou seja, o conceito neoliberal de que fora do mercado não há salvação foi importado da religião".

O economista austríaco Friedrich A. von Hayek já dizia que "um economista que é somente um economista não pode ser um bom economista".

Curiosamente, importa registrar que todos esses comentários e conclusões não são nenhuma novidade. Eles apareceram em várias crises anteriores. O que acabo de fazer é apenas revisitar o noticiário dos fins dos anos 1990 e início de 2000.

As complexas relações do ser humano com o dinheiro, sucesso, ostentação, solidariedade, miséria e riqueza fazem parte de cabalas, passagens bíblicas, corão, mensagens budistas etc.

Mais uma vez, muitos milionários tiveram de rever seus modelos de vida e, nessa hora, foram impelidos a se confrontar com questões de fé, religiosidade e dogmas tidos como inquestionáveis.

Parece que o retorno à frugalidade, bem como a busca do próprio sentido da vida, acabam sendo resultados que as crises provocam. Afinal, já sabemos há um longo tempo que a palavra "crise" possui também o significado de oportunidade.

O único cuidado a ser tomado é para que esta "oportunidade" não seja utilizada e beneficie apenas os gurus de autoajuda. É importante que ela sirva de reflexão e aprendizado para toda a humanidade.

✳ Experiências de vida

Um interiorano revivendo a sua história

Antonio Salvador Morante

Poucos nasceram na fazenda Figueira

Nasceu um pequeno menino na fazenda Figueira, em 26 de abril de 1945. Essa fazenda, ou sítio, ficava entre Marcondésia e Monte Verde Paulista, distritos próximos, e entre Monte Azul Paulista e Olímpia.

Por que pequeno? Porque o menino cabia numa caixa de sapatos, soube ele quando teve condições de ser informado, anos depois.

Esse pequeno menino sou eu.

Vivi nesse local durante dois anos aproximadamente, brincando como uma criança dessa idade, até que meus pais mudaram para o distrito de Monte Verde Paulista. Se você estranha a citação de distrito, explico: o povoado pertencia ao município de Cajobi, comarca de Olímpia. Ou seja, tratava-se de um amontoado de pessoas num local com apenas três ruas – uma principal, que tinha duas saídas ou duas entradas, como queira, para Cajobi e para Severínia –, que não elegia nem vereador. Não havia nenhum poder político!

Mudança para Monte Verde Paulista

Mudamos para Monte Verde Paulista, onde no início, meu pai, José Salvador, consertava panelas e depois fez uma sociedade de palavra com meu tio, Santiago Morante, e fundaram a Loja Sueli. A partir daí, surgiu o apelido de "Tunim da Loja" para este que subscreve.

E assim foram os primeiros anos, Tunim (eu) percebia várias alternativas em minha vida, vislumbrando o pouco que Monte Verde Paulista podia trazer para uma criança: lá existiam duas camadas sociais, os pobres e os fazendeiros. Junto ao time dos fazendeiros, havia algumas famílias diferenciadas, financeira ou intelectualmente. Por exemplo, a família Moreda Mendes, que comandava a cooperativa de laticínios, onde também trabalhava meu tio Santiago; a família do Panadeiro e de seu sogro, Fernandes, que tinham um armazém; e a família do Zé da Loja, meu pai, que começou a se destacar. Em Monte Verde Paulista só uma família assinava jornal, diga-se de passagem, o *Estadão*. Era a dos Moreda Mendes, e me emprestavam para lê-lo quando eu solicitava.

Meu pai era um comerciante nato, gostava de comprar e vender. A Loja Sueli era especializada em tecidos. Ele vinha constantemente fazer compras em São Paulo, na rua 25 de Março. Dizia-me que aprendeu muito com os árabes de lá.

Minha mãe, Araceli Morante, também trabalhava na loja e era costureira para praticamente toda a cidade. Todas as noivas da época tiveram vestidos feitos por minha mãe. Gostava de vender, e os clientes a adoravam. Era prestativa, atenciosa e sugeria tecidos para boas roupas aos clientes. Eu, Tunim da Loja, tive algumas alternativas de enxergar um futuro: fui coroinha do Padre Cruz e trabalhei na farmácia de meu padrinho Ramon.

Lá fiquei por um ano, até participar de um atendimento a um moço que tinha um rasgo na perna. Ao assistir a colocação dos grampos naquele corte, desmaiei. Fui "devolvido" imediatamente a meus pais com a alegação de que, para trabalhar com medicina, não servia.

No grupo escolar – hoje primeiro grau –, comecei a perceber que estudando e me destacando, pessoas próximas poderiam me notar e com isso surgiriam oportunidades.

Essas são aquelas que vários moços de Monte Verde Paulista almejavam quando mudavam para a capital, com suas famílias ou sozinhos: trabalhar, pagar seus estudos e progredir na vida.

Eu então percebi claramente que em Monte Verde Paulista nada poderia ser, além de trabalhar com meu pai na Loja Sueli. E comecei a trabalhar, lançando dívidas dos clientes no livro chamado *Borrador*, uma espécie de conta-corrente.

E o desejo que começava a surgir na minha vida era o de estudar e passar de ano em primeiro lugar. Ocupei o primeiro lugar nos quatro anos de grupo escolar. Era inteligente e profundamente dedicado porque fazia as lições, as devolvia aos professores para conferência, e também participava da leitura de poesias quando as professoras assim o exigiam. Eu era extremamente tímido, mas perdia a timidez quando essas situações surgiam.

O ginásio em Monte Azul Paulista

Chegou o tempo do ginásio e fui estudar em Monte Azul Paulista, que era para onde ia a "casta" mais intelectual de Monte Verde Paulista. E lá fomos na mesma época vários meninos e meninas, minhas primas e meus amigos. Íamos e voltávamos de trem (ou de carona) no final do dia.

Como meus pais não conseguiam pagar o passe de trem mais o lanche na parte na tarde, quem nos amparou (eu e meu irmão, Mário) durante os quatro anos de Monte Azul Paulista foi minha avó Josefa, com sua plantação de hortifrutigranjeiros. Ela, que nunca tinha estudado, nos cobrava essa aplicação semanalmente.

Em Monte Azul Paulista tive a oportunidade de perceber que estudar, ser um bom cidadão, ser dedicado e respeitar a família era o maior passaporte para um futuro feliz.

Aprendemos tudo isso com os excelentes professores e nosso diretor, senhor Raul. Mas em nenhum momento vislumbrava-se o estímulo ao empreendedorismo, característico dos meus pais. Isso não era importante na época.

E eu prossegui disputando os primeiros lugares no ginásio. Só fui segundo lugar no segundo ano, perdendo para a Norma Teodoro, uma excelente estudante. No último ano de ginásio, o professor de matemática, o melhor de todos, fez uma arguição sobre o que faríamos após aquela etapa.

Quando chegou a minha vez, eu disse que não tinha alternativas a não ser estudar em Olímpia, fazer o curso de técnico de Contabilidade, porque meus pais haviam me arrumado uma família amiga para eu morar junto, porque as aulas eram noturnas, e nós só tínhamos dinheiro para custear estudos dessa forma.

O professor Abílio franziu a testa e respondeu: "Mas Contabilidade? Você tem condições para outras profissões que vão lhe dar muito mais futuro!" Ouvi e pensei: "Nunca mais vou esquecer disso... ele vislumbrava um grande futuro. Vou buscá-lo".

Então um fato interessante aconteceu no final das aulas do ginásio. Nosso diretor, professor Raul, presenteou todos os alunos formandos com o livro *Confiteor*, de Paulo Setúbal. Um marco de ensinamento a todos os alunos da época. Os conselhos para um futuro estavam ali, na religião, na obediência a princípios e na postura futura de cada um de nós.

Quando contei a meus pais dessa arguição, ambos disseram: o futuro de vocês só é viável se mudarmos para a capital.

E assim foi. Em janeiro de 1961, viemos todos para São Paulo e, logo após, trouxemos minha avó Josefa e minha tia Irene.

Mudança para São Paulo

Aqui em São Paulo me transformei em Morante. Quem me conhecia na intimidade ainda me chamava de Toninho, mas no trabalho e na escola era Morante. Continuei meus estudos de Contabilidade, e sempre em primeiro lugar.

Os conselhos que recebia de meu pai eram de buscar ótimos empregos e aplicar as economias em imóveis para receber aluguéis. Fui buscar boas oportunidades de trabalho. Ocupei cargos de executivo de 1965 a 1992. Cheguei a ficar doze anos sem tirar férias, vendendo-as ao empregador. Tudo o que sobrava, aplicava em imóveis, mas como a renda não era tão grande assim, sempre adquiri propriedades pequenas, apartamentos e pequenas casas.

O casamento

Marcado o casamento para fevereiro de 1970, fui convidado por um amigo para cuidar de um projeto de montar uma distribuidora e atacadista de tecidos para decoração e plásticos. Imaginem que eu me casaria 44 dias depois. Loucura, ou segurança, não sei. Só que foi muito arriscado. Não tinha, naquele momento, outra alternativa senão a de mudar de emprego. Confiava muito na pessoa que havia me convidado.

Agora casado, minha esposa deixou o trabalho, após consenso mútuo, pois desejávamos ter filhos e assumimos o compromisso de que eu iria trabalhar e sustentar financeiramente a casa, e ela cuidaria deles. E assim fomos de forma organizada e consciente curtir o casamento. Minha esposa sempre foi uma maravilhosa companheira. Mãe e esposa nota dez, inteligente, de muito brilho e desprendimento social. Eu a conheci quando fazia o cursinho.

Passeávamos bastante nos finais de semana. Íamos, sempre que possível, almoçar pelas estradas próximas. O casamento trouxe enormes responsabilidades. Nasceram Denise, Denis, e finalmente Daniel. Todos os procedimentos de gravidez foram problemáticos e difíceis. E eu sempre trabalhando, sem tirar férias, contribuindo para que a empresa Ladeira Plásticos e Cortinas crescesse.

Enquanto esses anos passavam, Denise e Denis cresciam. Tudo o que era possível fazer pelos filhos, eu e Nair fizemos. Até construímos a casa onde até hoje moramos, no Tatuapé.

Iniciando a carreira acadêmica

Ainda neste período, em 1978, estimulado por meu cunhado Ari, tornei-me professor de Contabilidade na Universidade São Francisco. Passados dois anos, fui eleito pelos professores do curso para chefe de departamento e, posteriormente, coordenador do curso.

Iniciei então um novo e paralelo ciclo em minha dedicação profissional. Financeiramente, era um "bico" maravilhoso. Na época ganhávamos muito bem, e com esse excesso de remuneração, eu conseguia aplicar em alguns imóveis. As oportunidades financeiras eram ótimas, e sempre as aproveitei.

Em 1986 fui fazer mestrado em Ciências Contábeis na PUC, vindo a concluí--lo em 1990, através de uma monografia que tratava sobre limites de crédito, com o título "Uma contribuição ao estudo de indicadores de limite de crédito".

Um grande sufoco, mais uma prova de enfrentamento a problemas entre todas as que tive em minha vida. Mas não deixei de lotar a sala de aula com amigos e parentes. Todos lá estiveram para participar daquele momento muito importante para mim.

Tornei-me doutor em Administração em 2003, pela Florida Christian University com uma tese examinada por quatro doutores norte-americanos.

Posteriormente à Universidade São Francisco, fui lecionar na FAAP. Em seguida, fui convidado a dar aula e fundar o curso de Ciências Contábeis e Administração na UNIP, onde permaneci até 2010.

Hoje em dia atuo como professor na FIA, na área de pós-graduação e MBA.

Espírito empreendedor

No início de 1980, ano crítico na nossa economia, deixei o emprego na Ladeira Plásticos e Cortinas Ltda. e me aventurei a fundar uma empresa de assessoria para a qual dei a razão social de Serviço de Segurança Contábil Ltda.

E lá fui eu, sozinho, mas com um contrato garantido, o do Rancho da Pamonha.

Era difícil conseguir bons contratos, mas com perseverança fui obtendo indicações.

Trabalhando em um grande projeto da Casa Fortaleza, meu principal cliente, em 1982 fui convidado para assumir o cargo de diretor administrativo estatutário.

A experiência profissional que adquiri nessa organização foi excepcional. Os sócios-diretores eram bastante participativos e me tinham como pessoa de extrema confiança, dando-me autonomia para todas as decisões.

Em 1992, tornei-me sócio de um grupo de empresas na área de prestação de serviços terceirizados, com aproximadamente 120 funcionários.

Chegamos a 2010 com 6000 colaboradores, e várias áreas de atuação: limpeza e conservação, segurança patrimonial, segurança eletrônica, locação de veículos e segurança eletrônica.

Estou até hoje nesse empreendimento. Tive momentos de extrema felicidade. Lá conheci profissionalmente meus dois filhos, pois foram trabalhar comigo, e pude admirá-los até o momento que deixaram a organização.

Dos filhos, infelizmente, tive pouco contato pessoal e familiar. Chegaram a denominar-me de "pai ausente", e em certo sentido estiveram corretos. Não brinquei, não fui a passeios, não os levei à escola, não estive nas reuniões escolares, não tomei suas lições, quase nunca assisti a festas ou apresentações de balé. Eu estava sempre trabalhando...

Por outro lado, só posso ter orgulho de todos. Combativos, irreverentes às vezes, contestadores sempre, são exemplos espetaculares, como pais, para meus netos. Trabalhadores incansáveis, os três são nosso orgulho.

Morante, o escritor

Em 2006, iniciei a carreira de "escritor" com livros na área de administração financeira.

E foi assim que foram escritos: *Contabilidade*, *Análise das demonstrações financeiras*, *Administração financeira*, *Controladoria*, *Formação de preço de vendas* e *Demonstrações financeiras sintéticas*.

Pois bem, aquele menino de Monte Verde Paulista já vendeu até hoje cerca de 50000 exemplares de seus livros.

Parece incrível, pela personalidade que expresso, mas sei fazer poesias. Poesias caseiras, dedicações aos filhos, à esposa, aos amigos e amigas. Sonetos simples, mas que somam ao todo mais de 50 produções. As pessoas afirmam que tenho jeito para isso!

Tenho até um livro de rimas ao qual consulto quando a necessidade se faz. É um dos meus sonhos após chegar minha aposentadoria. Tenho planos de escrever um livro de poesias.

Meus conselhos

Como conclusão, pensando em meus acertos e erros, na avaliação que faço da minha vida profissional e pessoal, relaciono abaixo alguns conselhos:

1. Estudar;
2. Ler, se possível, todo o tipo de literatura;
3. Ser dedicado ao trabalho;
4. Buscar oportunidades no trabalho;
5. Aprender empreendedorismo;
6. Conseguir e manter amigos;
7. Escolher alternativas: arriscadas ou não arriscadas.

Considerando adicionalmente alguns ensinamentos do meu pai, destaco:

Não se arrisque em negócios que irão lhe trazer escravidão. De nada adianta você vislumbrar um grande ganho se você tiver de submeter-se!

De nada adianta você querer um futuro brilhante, em termos financeiros, se você não tiver bases de conhecimento, de estudo, de disciplina para isso – e em alguns casos, até inteligência.

Considere os seus limites como uma possibilidade de se descobrir.

O interessante ao concluir esta narrativa é que me sinto na obrigação de relacionar quais os erros e acertos cometi em minha vida de constante aprendizado.

E assim, eu os relaciono:

1.	Trabalhar na indústria, comércio e prestação de serviços	Acertei
2.	Não tirar férias e pouco gozar de lazer com a família	Errei
3.	Vender férias para adquirir imóveis	Errei
4.	Aprender a conviver com funcionários medianos	Acertei
5.	Demorar a ser empreendedor (sócio de empresa)	Acertei
6.	Aprender a perdoar, na maioria das vezes	Errei
7.	Não elogiar os colaboradores	Errei

8.	Orgulhar-me dos filhos	Acertei
9.	Cultivar grandes amigos	Acertei
10.	Ter poucos inimigos	Acertei
11.	Ser generoso em doações a quem necessitar	Errei
12.	Não ter curtido o crescimento dos filhos	Errei
13.	Não ter curtido o crescimento dos netos	Errei
14.	Não curtir muitos passeios e viagens	Errei
15.	Ser corajoso nos negócios	Acertei
16.	Usar pouco planejamento nos negócios	Errei
17.	Usar muita intuição nos negócios	Errei
18.	Aprender a ouvir conselhos	Errei
19.	Promover pessoas	Acertei
20.	Escolher amigos e pessoas no trabalho	Acertei

Essa é a minha trajetória.

A aventura de viver as fases da vida

[...] *A vida das gentes neste mundo, senhor sabugo, é isso. Um rosário de piscadas. Cada pisco é um dia.*
Pisca e mama;
Pisca e anda;
Pisca e brinca;
Pisca e estuda;
Pisca e ama;
Pisca e cria os filhos;
Pisca e geme os reumatismos;
Por fim pisca pela última vez e morre.
– E depois que morre? – Perguntou o Visconde.
– Depois que morre, vira hipótese [...]

Monteiro Lobato, *Memórias da Emília* (1936)

A vida é uma aventura ou uma peregrinação? Até que ponto a vida é – para alguns – apenas o preenchimento de uma série de etapas a serem cumpridas ao longo do tempo? Somos livres para viver?

Edgar Morin explica que é por meio das incertezas do conhecimento e da vida que nos renovamos, quando afirma: "Pôr em prática interrogações constitui o oxigênio de qualquer proposta de conhecimento"

(MORIN, 2000, p. 31). Este pode referir-se ao outro, à ciência, ao mundo, mas também a nós mesmos.

Essa busca nos ajuda à medida que desejamos realizar transformações em nossas próprias vidas, como agentes, e não apenas como expectadores. As transformações partem de um questionamento no qual se vislumbra a transitoriedade, temporalidade e a busca do significado da vida.

Para nossa análise, utilizaremos a divisão das fases da vida em: biológica; psicossociológica (indivíduo e sociedade) e espiritual.

Considerando a duração da vida humana de oitenta anos, Bernard Lievegoed (1999, p. 34), divide a primeira fase, a **biológica**, em três etapas: etapa do crescimento, durante a qual o desenvolvimento construtivo prevalece sobre o declínio; etapa do equilíbrio que ocorre entre o desenvolvimento e o declínio; e uma etapa de involução, que caracteriza uma época de declínio crescente. Segundo o autor, esta dinâmica pode ser demonstrada pelo gráfico abaixo:

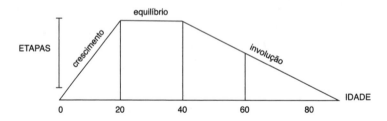

A primeira etapa do crescimento, que vai de 0 a 20 anos, se desdobra em três momentos de desenvolvimento, que são fundamentais para o futuro do ser humano:

1. Do nascimento até o primeiro aumento maior de altura e a segunda dentição;
2. Da segunda dentição à puberdade;
3. Da puberdade à maioridade.

Embora existam diferenças individuais de caso para caso, essas etapas podem ser generalizadas do ponto de vista didático para melhor compreensão da própria fase biológica e dos seus efeitos sobre as fases psicossociológica e espiritual.

A segunda etapa, do equilíbrio, é aquela em que recursos como audição, visão, olfato e tato estão mais desenvolvidos e sendo mais utilizados.

A terceira etapa, a involução, é caracterizada pelo declínio na elasticidade de todos os tecidos do corpo. É evidente que alguns indivíduos desviam da curva média, seja por um envelhecimento prematuro seja por permanecerem "jovens" por muitos anos, sendo capazes de ter um bom desempenho vital até idades mais avançadas.

Na segunda fase, a **psicossociológica**, entre o crescimento e a fase adulta há uma linha evolutiva claramente perceptível, segundo Lievegoed, que envolve o pensar, sentir e querer. Nesta fase, a criança precisa ser convencida de que o mundo está cheio de alegria e beleza. E isso não no contexto do adulto, mas de descoberta, para apreciar o belo nos animais, plantas e interações entre a natureza e o ser humano. Segundo Platão, bondade, beleza e verdade são os fundamentos da humanidade. O momento da puberdade e adolescência propicia o grande despertar para a realidade. É a quebra do mundo protegido da criança. É o momento de encontrar uma atitude para encarar o mundo. A partir daí, inicia-se a fase de busca de uma ideologia para a vida, de uma carreira e o desenvolvimento político, no seu sentido mais amplo.

É a partir dos 20 anos que Lievegoed situa o momento em que a curva psicossociológica se divorcia da biológica e, juntamente com a espiritual, atinge graus de pleno desenvolvimento. Segundo seus estudos, a partir dos quarenta,

ou a vivência do nosso próprio valor é medida em relação ao desempenho externo, aquilo que até agora fomos capazes de produzir, caso em que chegamos a uma crise, ou vivenciamos um sentido de nosso próprio valor na ajuda que podemos prestar aos outros. Em nossa vida social pode começar uma nova fase, na qual a experiência acumulada pode ser repartida com aqueles que estão a nossa volta. Com relação à situação profissional, esta fase pode ser caracterizada como qual e em que gradualmente começamos a nos retirar de nosso trabalho e a enxergá-lo num contexto social mais amplo (LIEVEGOED, 1999, p. 66).

Para Giannetti (2012, p. 70), "a influência das diferentes fases do ciclo de vida sobre as nossas preferências temporais parece guardar estreita afinidade com o padrão de troca intertemporal embutido no arco definido pela formação, apogeu e declínio do corpo". Refletindo sobre nossas próprias vidas, somando à discussão feita por diversos autores, a maturidade alcançada em torno dos quarenta, associada ao início de sinais desse declínio, reforçam a busca frenética de homens e mulheres que estão nesta fase para recuperar o viço e a vitalidade da juventude. O futuro se apresenta nesta fase, e pesa!

Autores como Debert mostram a questão da estratificação etária, ganhando relevância na organização social:

> Trata-se de chamar a atenção para o fato de que o processo de individualização, próprio da modernidade, teve na institucionalização do curso da vida uma de suas dimensões fundamentais. Uma forma de vida, em que a idade cronológica era praticamente irrelevante, foi suplantada por outra, em que a idade é uma dimensão fundamental na organização social. Essa institucionalização crescente do curso da vida envolveu praticamente todas as dimensões do mundo familiar e do trabalho e está presente na organização do sistema produtivo, nas instituições educativas, no mercado de consumo e nas políticas públicas que, cada vez mais, tem como alvos grupos etários específicos (DEBERT, 1999, p. 50).

Tomando por base a institucionalização do curso da vida, o envelhecimento populacional se torna uma das pautas e desafios dos tempos modernos, onde a longevidade é considerada um dos ganhos da humanidade, graças aos avanços da ciência e da tecnologia. A velhice passa, pois, a ser a fase mais longa da vida.

Camarano e Mello abordam sobre a juventude e o amadurecimento em seu livro *Transição para a vida adulta ou vida adulta em transição*, e afirmam:

> Não existe um consenso na literatura sobre qual evento marca a entrada do indivíduo no mundo adulto: independência econômica, saída da casa dos pais ou constituição de família. Também não se tem consenso sobre qual processo define a formação de família: casamento, parentalidade e/ou saída de casa (CAMARANO; MELLO, 2006, p. 37).

Para as autoras, após a Segunda Guerra, os modelos tradicionais de transição consideraram uma linearidade do curso da vida, na qual eventos e etapas ordenam o caminho de um indivíduo da infância à velhice. Quando o enfoque está na transição para a vida adulta, essas etapas são compostas pela saída da escola, ingresso no mercado de trabalho, saída da casa dos pais, formação de um novo domicilio, casamento e nascimento do primeiro filho. Mudanças no mundo do trabalho, nos arranjos familiares, nas novas formas de união e até mesmo na sexualidade colocam questionamentos à sequência concebida na sociedade do pós-guerra.

Duas ordens de fatores podem explicar, de forma geral, as mudanças que acontecem na educação, no trabalho e na família. A primeira está relacionada ao aumento da escolarização e às crescentes dificuldades de inserção profissional dos jovens. Estes passaram a ficar mais tempo na escola buscando melhores chances de inserção no mercado de trabalho, cada vez mais exigente. A segunda é decorrente da desvinculação entre atividade sexual e união conjugal, entre união conjugal e parentalidade, o que resulta numa flexibilização nos padrões de relacionamentos afetivos e familiares.

Camarano e Mello reforçam que as distinções entre estudantes e não estudantes, trabalhador e não trabalhador, solteiro e casado que antes marcavam a linearidade que explicava a transição, estão se tornando ultrapassadas e sendo substituídas por situações intermediárias, reversíveis e coincidentes. Não existe mais uma sequência linear e uniforme como estudar, iniciar no mercado de trabalho, casar e deixar a casa dos pais, ter filhos e criar uma família.

Dadas essas novas constituições, nas quais etapas cronologicamente marcadas misturam-se com acontecimentos socialmente esperados, nossa identidade, associada ao conceito de pertencimento, fica cada vez mais confusa, pois ora queremos ser jovens e, para isso nos atrelamos a acontecimentos e fases da vida e saímos da marca cronológica, ora nos asseguramos no tempo cronológico para sustentar determinados comportamentos. A modernidade traz a identidade atual formada por nossa construção individual, portanto ela é de nossa inteira responsabilidade. Segundo Bauman (2005, p. 50):

> Tornamo-nos conscientes de que o "pertencimento" e a "identidade" não têm a solidez de uma rocha, não são garantidos para toda a vida, são bastante negociáveis e revogáveis, e de que as decisões que o próprio indivíduo toma, os caminhos que percorre, a maneira como age – e a determinação de se manter firme a tudo isso – são fatores cruciais tanto para o "pertencimento" quanto para a "identidade".

A fase **espiritual**, que é a terceira em nossa análise, se expressa inicialmente na consciência do eu que desperta na fase de aprender a andar, na vivência do eu da fase escolar e no impulso para a realização do eu na adolescência. Segundo o holandês Lievegoed, esta fase se torna visível externamente nos esforços mentais e espirituais de uma pessoa na procura, vivência e aplicação de normas nas relações interpessoais, no desempenho no trabalho e nas atitudes com o mesmo, e na faculdade de buscar uma área de interesse além das necessidades da situação – em outras palavras, na faculdade de se colocar acima da situação de estímulo-resposta que ainda caracteriza o impulso mental vital.

A descoberta espiritual é de suma importância para localizar um sentido para a própria vida. Pessoas que não conseguem encontrar e desenvolver esse sentido correm o risco de chegar aos quarenta ou cinquenta anos de idade e defrontarem-se com profundas crises existenciais. Ou, mais grave, sem condições para encontrarem uma solução, podendo cair em processos de depressão sem retorno. Profissionais que valorizaram muito suas carreiras e símbolos de status, ou pessoas que exerceram funções de destaque, são muito vulneráveis a esse tipo de situação.

A promessa da liberdade, na busca de nosso sentido espiritual, deve estar dentro de nós. Como nas outras fases, esta também é uma de nossas responsabilidades. A liberdade é uma condição dada na modernidade, uma vez que a todo o momento somos colocados diante de temas como liberdade de expressão, liberdade de escolha – hoje discutimos liberdade de orientação sexual –, religião, enfim, somos sempre convidados a novas escolhas e nos sentimos livres para optar. A que escolhas nos referimos? Àquelas promovidas por novas necessidades, desejos, realidades?

"Libertar-se" significa literalmente livrar-se de algum tipo de grilhão que obstrui ou impede os movimentos; começar a *sentir-se* livre para se mover ou agir. "Sentir-se livre" significa não experimentar dificuldade, obstáculo, resistência ou qualquer outro impedimento aos movimentos pretendidos ou concebíveis (BAUMAN, 2001, p. 23).

Sentir-se livre para agir, livre para se situar perante às questões da vida, livre dos padrões, citando Bauman (Ibidem, p. 24) quando se refere ao conceito de liberdade, "significa atingir o equilíbrio entre os desejos, a imaginação e a capacidade de agir". Estaria nossa liberdade alicerçada à medida que nossa imaginação não fosse mais longe que nossos desejos e capacidade de ação? Imaginação e desejos ilimitados, infinitos, frequentemente motivados em todas as fases de nossas vidas. Capacidade de ação, limitada, cerceada. Somos livres?

Liberdade pressuposta por uma condição de equilíbrio. Equilíbrio, definido no dicionário como "justa combinação de forças, de elementos", entre desejos, imaginação e capacidade de agir. Desejos, imaginação que fazem parte da sociedade da "nova modernidade", assim explicada por Lipovetsky:

> Uma nova modernidade nasceu: ela coincide com a "civilização do desejo" que foi construída ao longo da segunda metade do século XX. Essa revolução é inseparável das novas orientações do capitalismo posto no caminho da estimulação perpétua da demanda, da mercantilização e da multiplicação indefinida das necessidades.

Livres? Livres para viver? Livres para envelhecer?

Como buscar forças pensando na libertação que considera os indivíduos responsáveis por sua produção, ao mesmo tempo em que os expõe a novos desejos, necessidades advindas desse estado "fluido" das coisas?

Torna-se extremamente difícil separar o que poderiam ser desejos e imaginações individuais daquelas que são tecidas dentro dessa estimulação determinada no capitalismo, na "civilização do desejo"[7]. Com o

---

[7] Termo usado por Lipovestky G. (2008) em sua obra *A Felicidade Paradoxal*. O autor afirma que o nascimento da nova modernidade coincide com a "civilização do desejo", construída ao longo da segunda metade do século XX.

aumento da "fluidez" e o equilíbrio responsabilizado no indivíduo, cresce a angústia que se fundamenta na contradição que habita nossa busca pela liberdade que, em outros tempos, já foi traduzida como garantia de felicidade. Nas palavras de Bauman (2001, p. 27):

> "Ser abandonado a seus próprios recursos" anuncia tormentos mentais e a agonia da indecisão, enquanto a "responsabilidade sobre os próprios ombros" prenuncia um medo paralisante do risco e do fracasso, sem direito à apelação ou desistência. Esse não pode ser o significado real da "liberdade"; e se a liberdade "realmente existir", a liberdade oferecida, significar tudo isso, ela não pode ser nem a garantia da felicidade, nem um objetivo digno de luta.

É na "submissão à sociedade" e na "obediência" às suas normas, não importando a fase da vida, que surge o caminho para a busca da liberdade, silenciada pela contradição e insegurança geradas entre a dependência e a possibilidade de libertação. Poderia parecer lógico pensarmos que essa busca nos angustia mais na juventude, uma vez que nela se tem o mundo para conquistar, uma vida inteira para percorrer. Mas, os mais velhos, que imaginaram, desejaram um tempo de estabilidade, tranquilidade, são hoje confrontados como todos por desafios não previstos para viver este tempo, por novos desejos, novas necessidades e a capacidade de agir limitada.

A "modernidade líquida" é concedida a todos como um tempo a ser vivido no qual à proximidade do alcance das metas se juntam novas necessidades e desejos, e as formas definidas dos sólidos desaparece, dando lugar à mobilidade de formas oferecida pelos líquidos.

Nessa corrida, nessa busca, "padrões e rotinas impostas por pressões sociais condensadas poupam essa agonia aos homens [...] graças a eles os homens sabem como proceder na maior parte do tempo e raramente se encontram em situações sem sinalização" (BAUMAN, 2001, p. 28). Nesses padrões reside a segurança, e a adaptação torna-se, para muitos, a melhor hipótese de liberdade. A adaptação a estereótipos estabelecidos para a criança, o adolescente, o jovem, o adulto e o velho passa a ser apresentada como um caminho para a liberdade.

É nesse processo de adaptação que surgem as "identidades pré-fabricadas", a serem seguidas e vividas por todos, estereótipos que podem nos conferir a segurança e diminuir a angústia no percurso. À medida que nos adequamos, parece que nossa responsabilidade de construção individual diminui, bastando estarmos dentro daquilo que é esperado de nós.

É por isso que intitulamos este capítulo de "A aventura de viver as fases da vida", pois devemos saber que livres, ou na intenção de sê-lo, o que mais buscamos é participar dos "bem-aventurados àqueles que pertencem à modernidade".

> Provocações para refletir

Manter-se curioso pode alongar a vida com qualidade

Características próprias da infância são a curiosidade, o questionamento e um persistente interesse em saber a razão de tudo que ocorre ao seu redor. Embora muitas vezes admirada pelos familiares, essas dúvidas infantis também provocam desconforto nos adultos que, na maioria das vezes, não apresentam respostas facilmente aceitas pelas crianças. Principalmente quando essas soluções estão baseadas, quase exclusivamente, numa visão muito racional ou lógica. Raros são os casos de adultos que aproveitam essa oportunidade para estimular a pesquisa em conjunto.

Por que nascemos? Por que ficamos velhos? Por que morremos? Por que a pele vai ficando enrugada? Por que os cabelos ficam brancos? Etc.

E toda essa suposta "impertinente" curiosidade vai aos poucos se tornando uma parte importante no processo de formação do adolescente e futuro adulto.

Mas o que parece intrigar os estudiosos do assunto é por que o adulto vai, com o passar do tempo, abandonando toda essa curiosidade. Ou seja, passa a aceitar os fatos e seus desdobramentos como algo natural, que nem ao menos merece alguma reflexão ou maiores provocações.

Curiosamente, também cresce na ciência a necessidade de ampliar o conhecimento em relação ao que contribui para que as pessoas envelheçam com mais qualidade.

O falecimento recente da artista Tomie Ohtake, que se mantinha ativa após completar 101 anos, reforça as conclusões de estudos interdisciplinares que reforçam que ultrapassam os 100 anos artistas capazes de expressar ao máximo as características de sua personalidade e instintos, sem jamais renunciar aos mesmos. Mesmo que a ciência exija cautela e muita responsabilidade, muito da longevidade está vinculada à consciência de que não se pode deixar de ser curioso, procurando se dedicar intensamente às paixões intelectuais.

Outros estudos indicam ainda que um envelhecimento saudável requer dar prioridade ao autoconhecimento e às análises e opiniões que temos sobre nós mesmos. E, mais importante ainda, que todo este processo, introspectivo, deve orientar as ações e cuidados, tanto no campo da saúde física como mental.

Portanto, todo esse conjunto de estudos, observações e práticas demonstra que o processo de aprendizagem deve ser permanente. E, para tanto, a curiosidade desempenha papel importante.

É muito provável que as pessoas que desde muito cedo foram orientadas a se apropriarem de suas vidas, serem autores da sua biografia e responsáveis por sua história, terão mais facilidade para encarar um envelhecimento de forma qualitativa.

Isso se aplica cada vez mais no preparo para a aposentadoria, o que exige desenvolver uma aceitação positiva do envelhecimento.

E a mensagem para o mundo dos executivos é a de que este conjunto de ações preventivas não deve levar em conta apenas o papel profissional. Devemos permanecer atentos a todos os papéis que vivemos nas diferentes etapas da existência. Especialmente porque uma vida com sentido e qualidade vai nos exigir constantes reinvenções.

Assuma este compromisso. Ele não é delegável.

✳ Experiências de vida

Uma brasileira que nasceu no Peru

Rosa Bernhoeft

Meu relato é uma sequência dos momentos e fatos que me construíram e me fizeram plena em três dimensões que, juntas e harmonizadas, me totalizam: a mulher sempre em paz com a vida, no significado do que escolhi para mim quanto a ser mulher, a mãe cinco vezes abençoada e a profissional muitas vezes reconhecida.

Esta é uma oportunidade para transformar em linhas impressas o que foi para mim alegria, perplexidades, descobertas, dores, aprendizados e a miríade de sabores que experimentei no viver e usufruir a benção da vida, de conviver e de servir às pessoas!

Escolhi um forte viés para este relato: compartilhar o que entendo por "reinvenção", e como esse processo esteve presente em toda a minha vida. A reinvenção que escolhi como vetor de conduta levou-me a perceber que só envelhece quem quer. Acredito fortemente que sou do time que entende que a única diferença entre mim e os jovens é a idade. Mas eles têm, e eu conservo, a juventude expressa na vitalidade que os orgulha, empodera, e a mim blinda, contra os desgastes típicos dos que não se sentem mais com serventia. Velhice é isso: estagnação combinada com desgaste. Viver é renovar-se todos os dias, a exemplo das nossas células. E já que renovar é preciso, passa a ser muito melhor redispor as novas células numa arquitetura de reinvenção: ser novo é ser melhor.

Nasci no Peru e cresci com quatro irmãos, num ambiente familiar realmente forjador da alma holística, que é hoje a aura da minha identidade, recebendo de minha mãe, Concepción, lições como "seja forte e cobre caro", além dos comportamentos à mesa e inabalável fé na vida, a qual ela lia no tarô, para ajudar o sustento da casa. Meu pai, Antonio, diplomata peruano, altivo, empertigado e formal, foi quem me apresentou à música erudita, aos livros, às artes plásticas, às longas e ricas conversas dos intelectuais acolhidos em nossa casa e aos 10000 volumes da sua biblioteca. Ambos me ensinaram boas maneiras nos tratos sociais, enquanto eu aprendia outros valores no futebol, que jogava com os meninos, e nos sopapos que com eles trocava de igual para igual. Bonecas, vestidinhos, essas coisas não me atraíam... Eu queria me sentir parte de onde houvesse energia aplicada, desafios, competitividade e conquistas a serem feitas. E comecei a empreender com as calças compridas dos irmãos que transformava em caprichadas saias para mim e, depois, para todas as irmãs. Experiência transferida para o trabalho voluntário junto às populações carentes de Lima e, em seguida, para as cooperativas de trabalhos manuais que ajudei a fundar e a dirigir.

Minha formação "humana" se expandiu muito com todo esse torvelinho de rápida e envolvente absorção de uma existência que seguia, rápida e muito severa, levando-me a ser preparada, sem perder a essência das minhas escolhas. Decidi estudar Engenharia Química e, em paralelo, Orientação Familiar, porque sendo a engenharia a minha escolha, aprendia a desenvolver meu saber cartesiano, e a segunda formação foi apenas para atender ao conservadorismo monolítico do meu pai, que insistia na tese do mero papel doméstico secularmente reservado à mulher na cultura latina.

Tudo foi muito rápido na minha efetiva introdução à vida adulta. Desde a viagem na carroceria de um caminhão, aos 10 anos, para Chincheros, com mais um primo e o motorista do veículo, passando pelos momentos dos 15 anos em que aprendia a ler saboreando e interpretando as palavras do autor.

E também um especialista em queijos francês dos seus 29 anos, que passou errático por Lima e ali ficou tempo suficiente para me ajudar a enxergar o mundo pelos meus olhos, que se abriam para as novidades dos luminosos dias, que nunca eram iguais.

Conheci meu marido, Renato, que veio trabalhar no Peru, no aeroporto onde fui buscá-lo, conforme instruções da *American Friends Service Committee*, uma vez que ele vinha de um trabalho voluntário dos EUA e México. Trabalhamos juntos em Lima por três anos. Aos meus 20 anos, miudinha, cerca de 46 quilos, casei com Renato – três anos depois, viemos para o Brasil. Ele de volta para o seu país, eu abrindo os olhos para um mundo realmente novo e determinada a não ter medo, me joguei na realidade desconhecida, o que me levou a mais uma etapa da vida.

Minha carreira profissional começou cedo, no Peru. Fazia trabalho voluntário com diversos tipos de carências sociais, movida não só por minha consciência social, mas também pela enorme curiosidade relativa aos dados do contexto. Nesse trabalho, experimentei aprendizados riquíssimos, organizando e gerenciando cooperativas de produção e venda de confecções variadas. Nessas ocasiões, aprendi a importância de um líder realmente engajado na viabilização dos objetivos e metas e focado na aglutinação dos valores e capacidades humanas, sem perder de vista os aspectos sociais e emocionais intervenientes. Entendi, em detalhes, o quanto havia de espaços – imensos – para conceber e montar um mecanismo para desenvolvimento de pessoas engajadas firmemente no papel de liderar equipes e educar a todos para a natureza histórica e antropológica do trabalho em conjunto. Meu espírito não conformista e criativo espalhava-se, desde então, nutrindo os vetores da reinvenção da minha existência, e em tudo eu a aplicava.

A década de 1965 a 1975 comportou a chegada dos filhos, conjugada com as necessidades de sobrevivência, a afirmação da carreira, minha e do Renato, com quem casei no dia 7 de janeiro de 1964, além das mudanças frequentes de país e cidades. Curiosamente, nenhum dos nossos filhos nasceu na mesma cidade. Esse período exigiu imensa alocação de energia para o trabalho, coragem para arriscar e tomar decisões que muitas vezes nos davam medo, mas também o permanente desafio de aprender novas formas de adaptação e resolução das nossas necessidades. Um fato emblemático dessa constante disruptura que caracteriza nossa relação conjugal e familiar foi a decisão de assinar o financiamento por 25 anos de nossa primeira casa. Simultaneamente, fizemos a escolha de nos tornar trabalhadores autônomos, sem a segurança do salário mensal, benefícios contratuais e sociais. Tudo isso com cinco filhos para criar. Essa foi uma década feroz, mas que forjou solidamente a família, a orientação dos filhos e a vida de cada um de nós, num turbilhão de reinvenções.

Quando trabalhava em Mauá, na Clínica de Orientação Familiar, era obrigada a usar quatro conduções para ir e voltar. Certa ocasião, grávida da Renata, parei no Viaduto do Chá, centro de São Paulo, e bradei, entre um choro convulsivo e muitos medos: "Venho de uma cidade pequena, e você, mesmo que gigantesca, não vai me vencer!" Ali, nessa decisão amargurada e solitária, estava selando meu pacto com a reinvenção constante na minha vida e com o encarar os pesos das responsabilidades familiares e das demandas profissionais. Muitos anos depois, lá voltei e, no mesmo ponto do Viaduto do Chá, eu disse: "Viu? Você não me venceu!"

Cada um dos cinco filhos que Renato e eu tivemos em uma década representou a abertura de uma nova era em nossas vidas. Segundo eles, foi uma tremenda irresponsabilidade, mas que depois se revelou nossa grande conquista e legado. Tudo, a partir deles, significou um avanço no meu amadurecimento em todos os papéis que decidi exercer, considerando a quantidade e diversidade de expressões exigidas cotidianamente.

As necessidades de sobrevivência e as carências materiais nessa fase inicial foram motivos para criar soluções, inventar recursos e integrar a família e os amigos. Visitas a gente fazia só para quem tivesse filhos! Imagine sair de um fusquinha com uma trupe de sete pessoas, cinco das quais barulhentas, inquietas, com vontades e curiosidades e que ainda não se cansavam de brincar de esconde-esconde! Era de assustar o melhor dos amigos. Portanto, muito discurso sobre bom comportamento, muitas recomendações para evitar transtornos e principalmente muita atenção naquilo que eles faziam. A convivência tanto dentro como fora de casa também exigia deles, os filhos, trabalhar com as diferenças e aprender a responder de maneira específica a cada necessidade ou circunstância. Afinal, nós, como casal, tínhamos grandes diferenças de origem, culturais e de educação.

Leonor foi a primeira reinvenção que vinha de dentro de mim mesma. Muito delicada, de uma beleza exótica, que se exigia como compreendê-la, e que se desenvolveu e cresceu como pessoa disciplinada, detalhista, empreendedora. Hoje é dona de uma próspera agência de turismo e, ao longo dos anos, levou-me a muitas mudanças de postura para poder seguir na educação de tão singular criatura. Leonor, a Noy de todos nós, hoje é a grande mãe dos seus irmãos. A presença da nossa neta Manu, nascida com Síndrome de Down, representou uma das maiores reinvenções da minha vida, pois nada do que sabia sobre filhos servia, TUDO teve que ser reaprendido ou criado com muito amor e humildade. Carlinhos, o pai e genro, nos ensinou muito neste processo.

Ainda aprendendo com a Leonor, veio a Cármem e uma poderosa reinvenção de mim mesma: cuidar dos filhos na nossa própria casa, porque até então vivia na casa de minha mãe, Concepción. E tivemos de encarar o imenso desafio dos diversos papéis, numa época de muitos apertos: guardo ainda a foto de uma mesa improvisada, em cima do gabinete de máquina de costura Singer, sobre a qual se apoiava um quadro de giz, quadrado com 1,20 metro de lado, em que estudávamos todos, e um fogareiro a querosene, ungido como nosso fogão. Nessa ocasião, Renato ia para o trabalho de manhã e estudar, à noite, usando uma bicicleta. Curioso foi um episódio, simples, mas não sabíamos como seria emblemático em nossas vidas: foi quando ele teve que pedir emprestado um triciclo, para realizar nossa primeira mudança e alguém lhe disse: "Está progredindo, Renato! De duas rodas agora andas com três!" Foi por essas e outras que aprendi a não ter vergonha da escassez e a medir o avanço nas pequenas coisas.

Cármem, a segunda filha, sempre foi estável, sociável, aglutinadora e motivada para compartilhar. Demonstrou esta coragem, mesmo morta de medo, ao ser a primeira, dentre todos os filhos, a buscar seu espaço no mundo quando viajou para os EUA num programa de intercâmbio. Com isso, deu aos irmãos o estímulo para segui-la. Legou-me muito disso, com ingredientes para reinvenções, tornando sua influência a se estender, anos depois, no seu papel como mãe. Hoje, Cármem juntamente com Greg, meu genro, estimulam os filhos Belén e Martin a ir pelo mundo para descobrir seu valor e aprender com as diferenças.

Veio a Marita, a terceira filha da prole de cinco. Uma rica experiência desde o parto sem dor que optei na época e que, no seu crescimento, mostrou-se estudiosa, equilibrada, ajuizada, sempre nos dando lições de moral. Essa menina contribuiu com minha reinvenção em cada salto de amadurecimento que dava, o que sempre me surpreendia, e forma, com Gaspar, meu genro, uma família madura e feliz. Mesmo hoje, os embates amorosos, a crítica construtiva, que provocam revisões no meu jeito de ser e agir com ela, na minha atuação no mundo do trabalho e na minha relação com Luisa, minha neta, são permanentes desafios para me reinventar como mãe, avó e profissional.

Então, veio ao mundo uma usina de alegria esfuziante, positivismo e transformação vivaz, a Renata, que do pai herdou a disciplina e imensa capacidade de trabalho. A par de uma inteligência aguda, me estimulava à aplicação da alegria nos diversos papéis.

Exigente com ela e com os outros, Renata traz até hoje a capacidade de nos confrontar, de dizer com clareza o que deseja e o que não aprecia. Ao mesmo tempo em que se vê transformada a cada instante, na cumplicidade com seu marido Wagner, por sua filha Liz, tão parecida com ela, cuja alegria e energia transbordam. Vivemos uma constante reinvenção a partir do encontro e do reconhecimento das diferenças de três gerações. É hoje, com Wagner, a sucessora do pai na Hoft Consultoria.

Aí, numa síntese equilibrada do pai e da mãe, chegou o Gustavo, com o rigor e o comprometimento do Renato e a minha sensibilidade intuitiva. Cresce como um homem fiel, seguro, de amizades duradouras e forte senso empreendedor, sem saber que ajudava a me reinventar, tentando acompanhá-lo na sua singularidade e olhares corajosos para a vida.

Na convivência com a Tânia, como primeira e única nora, representando o novo e o desconhecido, teve a mão delicada do Gustavo para inseri-la na família. Até hoje eles são fonte rica de provocações e desafios para cada dia nos reinventarmos, respeitando limites e, ao mesmo tempo, construindo profundidade nos nossos vínculos. Tudo isso resulta em grande aprendizado e novas construções internas para minha plenitude como mãe e avó dos gêmeos Tom e Alex.

Como síntese do reinventar que me impus para educá-los, posso destacar a resposta "Pense!" para cada pergunta, e jamais um "Não!", acomodado e peremptório para cada capricho, teimosia, rebeldia de momento ou pedidos de difícil atendimento. Sempre instiguei nos filhos o reinventar-se e, com isso, eu mesma era uma nova pessoa a cada experiência na epopeia de criar e educar cinco filhos.

Nos primeiros três anos, quando do segundo retorno ao Brasil, trabalhei como bibliotecária no Seminário Anglicano, das cinco da tarde às onze da noite. Renato e eu tínhamos que equilibrar as demandas da prole de cinco. E eu tinha a necessidade de ficar junto dos livros e sua diversidade de conhecimentos. Depois nos mudamos para Mauá, município integrante do Grande ABC, onde fundei uma clínica de orientação familiar, desenvolvendo projetos muito bem calçados nas demandas da comunidade e pessoas assistidas. Essa atividade se alongou até o final de 1974. Nesse período senti em mim o aguçamento da percepção sobre a natureza humana e os aspectos éticos que deveriam permear a conduta dos meus futuros clientes, executivos nível top das empresas privadas e instituições públicas. A clínica ainda existe no mesmo local.

Em 1975 conheci o Carlos Aloísio, em Curitiba, quando para lá nos mudamos, toda a família, porque o Renato, à época, trabalhava como sócio da Lang Consultoria. Com esse amigo e iniciador no mundo corporativo, desenvolvi um intenso trabalho de ajustes de uma ferramenta criada por Kostic, a quem batizamos como VECA (Verificação do Comportamento Administrativo). A testamos vigorosamente, validando estatisticamente a trajetória de cada um dos 20 fatores a que se chamou, mais tarde, em 1998 precisamente, por Prahalad, nos EUA e em 2000 no Brasil, por Enio José de Resende, como "competências". Milhares de aplicações do VECA depois, já o tendo registrado na Biblioteca Nacional no tocante aos direitos autorais, a ele incorporei o conceito e a praticidade dos "impulsores", no bojo da minha formação e especialização em Análise Transacional, desenvolvida por Eric Berne e seus seguidores.

Com Carlos Aluísio trabalhei com afinco até 1978, quando, tendo ele escolhido outra vertente profissional, me repassou 100% do VECA. Nesse ano, um marco significativo: o primeiro cliente em São Paulo, um grande Grupo Editorial, cujo prestígio teve um peso muito grande no portfólio que àquela época eu construía.

Muitos anos e mais alguns milhares de aplicações e entrevistas devolutivas possibilitaram o amadurecimento do VECA, que passou por duas poderosas transformações. A versão no ambiente Windows, em 1998, depois a sua mais densa construção na versão web, em 2003. Finalmente, a sua expansão para o que se conhece hoje no mercado como SEE.

Mais do que o amadurecimento de uma metodologia, em todo esse longo tempo, eu tive a oportunidade de aprender, testar e ampliar as lentes com que entendia e interpretava o comportamento humano, conseguindo com isso retornar aos clientes do processo os caminhos para o real desenvolvimento. Além da interpretação ponderada de fatores técnicos e comportamentais, percebi que havia necessidade do meu amadurecimento em relação a lidar com emoções e sentimentos e sua canalização para projetos de vida e carreira. Já estava praticando o que hoje é conhecido como *coaching* e tanto vi, senti e aprendi, que avancei aceleradamente na compreensão dos comportamentos organizacionais. Quanto mais avançava, mais me engajava na conduta ética sustentada na prática técnica. E aqui resgato uma herança que impactou fortemente a minha evolução no rumo da perícia de análise e conclusão sobre múltiplos indicadores comportamentais: minha mãe. Como já mencionado nesse relato, ela aprendeu a ler as cartas do tarô e me aguçou a sede em saber o que pudesse estar por trás dos comportamentos das pessoas. Seus consulentes saíam das sessões de atendimento com o olhar brilhando e, no meu inconsciente, ficava mais e mais consolidada a crença de que, apurando meus sentidos e capacidades de leitura, eu conseguiria ir muito além do visível que se derrama pela superfície dos indivíduos.

Foi uma reinvenção atrás da outra para que a ferramenta alcançasse os estágios de excelência que hoje desfruta. Tarefa gigantesca na qual contei com a inestimável ajuda dos muitos colaboradores e consultores que compuseram os quadros da Alba Recursos Humanos e, especialmente, da minha irmã, Leonor Reinstein, que investiu dois anos de trabalho nesse esforço. Além dela, outros profissionais envolvidos, engajados ao redor do propósito de facilitar o caminho do autoconhecimento, me ensinaram a importância de aprender juntos, de construir a várias mãos o que desejamos.

Os anos de uso e a firme concentração no robustecimento da ferramenta, por via de estudos estatísticos e análise dos resultados decorrentes das ações das pessoas atendidas, possibilitaram para que fosse identificada a excelência das pessoas, e não a primazia absoluta dos processos em que estavam envolvidas.

Tive que enfrentar duas fortes demandas de reinvenção da ferramenta e, é claro, de mim mesma, fatos que motivaram que, mais tarde, minha filha Renata falasse sobre a metáfora da minha vida, que descrevo adiante. Pois por duas vezes tive a ferramenta subtraída ilicitamente, o que longe de me abater, apenas acendeu uma fornalha de energias e trabalho de redefinição. Acredito que, quando se trata de conhecimento, é impossível retê-lo como propriedade após sua exposição ao mundo. Mas destaco fortemente que é imperativo a qualquer um que faça uso dele declarar quem o originou. Dias difíceis, com passagens por ações judiciais e toda a dor de cabeça decorrente, mas apenas dificultosos, jamais abafadores ou demolidores da minha capacidade de trabalho: aproveitei para reinventar tudo, e de tudo emergiu o SEE – um sistema completo de *assessment*.

Minha filha Renata disse: "Mãe! A metáfora da sua vida é a vovó Donalda, da Disney, que produz as tortas e, quando as coloca na janela para esfriar, muitos as saboreiam e se alimentam com elas. Todo mundo leva o que você produz!" Concordei com ela, muito lúcida a sua percepção, mas lhe disse que "as tortas" podiam ser levadas, mas as receitas e o forno seriam refeitos, e isso ninguém me levaria. E mesmo que "as tortas" sejam surrupiadas pelos irmãos Metralha, valeu a pena prepará-las.

Minha reinvenção profissional teria outros detonadores, mas destaco um deles, pela potência de impacto, uma pergunta: "Mas... na prática, como isso funciona?" Para respondê-la – e o fiz milhares de vezes – recorri a um postulado de quem não lembro ser a autoria e que diz: "A prática vai depender da tua maestria". E foi com esse vitalizador que segui na entrega do conhecimento como um desejo ou sentimento gerado no outro para dele partir a experimentação prática... como uma derivante da sua maestria. Foi assim que aprendi a fazer uso do que sabia disponibilizando o conhecimento a serviço de outras pessoas, aceitando a minha inutilidade enquanto não me visse contributiva para os demais. O que fez nascer dentro de mim o conceito de "mentoria", tema pouquíssimo conhecido no Brasil.

E experimentei diversas vezes o conceito de mentoria, cuja identidade viria a esculpir anos depois. E foi com os filhos! Destes, destaco dois momentos: a filha com muitos livros de ideologia de esquerda nas mãos e olhos de reformadora social, inconformada com as injustiças e pregando uma revolução social. Para ela, forneci igual número de pensadores da direita, recomendando-lhe a leitura de todos e muita reflexão e que encontrasse perguntas e respostas. No outro momento despejei em cima de outro filho, ainda sem muita noção sobre a vida, como ele deveria olhar as drogas, respondendo a três perguntas: a primeira sobre como ele lidaria com o fato de passar a ser fantoche do traficante; a segunda sobre como ele manteria o vício, estupidamente devorador de todo dinheiro de que se disponha; e a terceira sobre como ele lidaria consigo mesmo, quando já estivesse no estágio de dependente químico, certamente um farrapo humano. Nesses e em vários outros momentos com nossos filhos, eu vi e entendi a potência do conceito de *mentoring*: grosso modo, facilitar as escolhas do outro sobre rumos da própria vida.

Eu me reinventei quando casei e com cada filho que trazia para o mundo. E em inúmeras vezes, conjugar de forma harmônica as diversas fases de reinvenção e ser conduzida por cada uma delas como estágio consciente de rupturas e novas etapas. Ficaram claras para mim a reinvenção permanente e necessária, como um exercício do respirar novos ares a cada movimento dos pulmões do mundo, a reinvenção planejada, aquela que é a minha vontade como plataforma para os acontecimentos futuros, especificamente no contexto do material e a reinvenção desejada, quase um segredo só meu, a quem recorro como alimento dos sonhos e iluminação dos delírios que fazem bem à alma.

Meu olhar atento para o mundo sempre me ajudou a encontrar inspiração para a minha reinvenção como fundamento e como propósito. Esse encontro se deu algumas vezes de forma curiosa: quando frequentava a Biblioteca Pública de Miami, chamou-me a atenção a constância nela dos mendigos letrados que, a par de fugir um pouco do frio, mergulhavam na leitura atenta de livros, muito compenetrados em seus lugares nas mesas de leitura. Ali fazia pesquisas para o meu primeiro livro, sobre os fundamentos da mentoria, fiquei muito impressionada com o inusitado das situações protagonizadas pelos *homeless* e as trouxe na memória como panos de fundo para as teses do desenvolvimento contínuo. Tenho dito para todos a quem assisto como modeladora de talentos e de profissionais de alta gestão que eles devem se reinventar a cada instante, jamais ceder ao sedutor canto da acomodação e refletir nos seus colaboradores a mesma intenção. Líderes que formam líderes que conduzem líderes não podem ser menos que ousados, inconformados, criativos e formatadores de cultura de excelência operacional.

Para todos, conto o que ouvi em distante ocasião, numa das muitas conferências sobre meio ambiente, alta gestão e desenvolvimento sustentável de que participei, na verdade uma quase metáfora, não fosse a dramaticidade concreta dos fatos em si. Quero motivá-los para uma reflexão corajosa sobre o outro e a unicidade do outro, onde não se pode impor nada a ninguém e muito menos exigir obediência cega e conduta servil. Digo-lhes: "As pessoas precisam saber 100% do que se intenciona fazer e do que foi feito com elas, seja em que dimensões forem, e isso é um dos ditames éticos dos mais sagrados a ser observado por uma pessoa que tenha poder de influenciar a vida das demais!" E lhes conto o que ouvi e me marcou: o homem que perdeu a perna que fora amputada e que a queria de volta, para enterrá-la dignamente, porque era uma parte de si, doente, infeccionada, mas uma parte de si e reclamava tanto quanto aquele outro paciente que insistia em saber o que fora feito com a parte dos seus intestinos, extraída em procedimento cirúrgico! Com meus alunos, clientes, *coachees*, *mentories* ou qualquer outro tipo de prestação dos meus serviços, atuo como fomentadora de uma cultura de ética linear, simples e facilmente delimitada, e creio estar no caminho certo.

Trabalhei com gente pobre, muito pobre e com níveis de direção de empresas em número suficiente para aprender que a natureza humana, no que tange a necessidades, desejos, sonhos, exige grandeza ética no seu trato, pois um gesto, uma palavra ou um olhar tem o poder de produzir impactos definitivos para a transformação de alguém. Daí partiu a minha preocupação em aprender a refinar o meu "eu", sendo cada dia mais sensível e intuitiva para compreender o outro na sua plenitude. Considero esse movimento contínuo e diário como pequenas reinvenções, resultando em grandes transformações.

Fazer coisas diferentes e aparentemente conflitantes também faz parte da minha natureza. E por que lutar contra a natureza, se ela apenas aponta os meus significados e potenciais para construir e transformar?

Descobri, ao chegar ao Brasil, um som vibrante, alegre e cheio de potência que entrou em mim, sem me pedir permissão ou me dar tempo para hesitar, e se espalhou pelas veias, músculos e desabrochou a parte solta e livre da alegria de viver. O samba, ouvido primeiro nas rádios e depois ao vivo nos ensaios da minha Escola de Samba Leandro de Itaquera, da zona leste da cidade de São Paulo, levou-me a sentir a emoção apoteótica quando desfilei na Comissão de Frente! Como dito pelo apresentador, naquele momento de abrir os portões para a entrada da Escola, em que o surdo de resposta da bateria é o coração de cada passista, "A passarela é de vocês", ressoa no meu ser inteiro como uma conquista almejada, esperada e disciplinadamente buscada.

Reinvenção também é manter firme a busca de satisfação de um desejo e permanentemente alimentá-lo até ficar pronto.

A música, a dança, os movimentos demandados do corpo, a ebulição nos neurônios que a combinação disso tudo faz resultar em meu conceito de felicidade são também motivos para me manter em paz com a vida, porque nela tudo tem sido motivo para júbilo e imensa gratidão.

Sei que causei algum espanto quando decidi aprender a tocar bateria e me dedicar, todo sábado, às aulas e exercícios para dominá-la. Pedi ao Gustavo, em férias nos EUA com a Tania, para comprar uma Yamaha eletrônica e, numa prova de amor explícito, os dois aquiesceram e a trouxeram em seis malas, um desajeitado monte de trambolhos de tamanhos e pesos variados. Este instrumento é uma fonte inesgotável de energia que ecoa em mim como um antídoto contra a preguiça, o abandono e a tristeza.

Hoje, no ano de 2016, tenho forte atuação como geradora de tecnologia, planejamento e gerenciamento da execução de projetos nos campos do *mentoring, assesment*, estratégias de mudanças e desenvolvimento de talentos humanos. Através da Alba Consultoria em Recursos Humanos, fundada em 1980, disponho de extenso portfólio de serviços prestados a empresas públicas e privadas, nacionais e multinacionais. Nela, a minha atuação – como fonte de geração de soluções e administradora de equipes de aplicação – vem acelerando de forma sustentada a trajetória rumo a um estágio em que certamente deverei encontrar a expressão máxima da minha autorrealização: *ser reconhecida como transformadora – de empresas, instituições e pessoas – de agentes passivos para forças propulsoras das mudanças calcadas na excelência de resultados* das pessoas.

Finalmente, o meu legado!

Quando jovem, me imaginava, com alta intensidade emocional, misto de medo e alegria, uma velhinha além dos 90 anos, num espaço aberto, cheio de jovens, conversando e trocando afetos e conhecimentos; eles usufruindo do meu saber de vida e me emprestando seus olhos para ver o futuro. Como quero pular das nuvens dos sonhos para a relva macia da realidade construída pela vontade e pelo mérito, doravante escrevo as linhas finais deste relato no tempo futuro. Trabalho, inconformismo criativo, reinvenção de mim mesma e feliz espectadora da obra dos meus filhos continuarão a ser os vetores da minha existência, além dos aprendizados, de toda a família e dos muitos amigos.

Legado sem decisões de risco de ruptura não tem sentido para mim. O que intenciono deixar para clientes e sucessores é a necessidade de mudar, de ser diferente a cada dia ou num momento específico, deixando para trás o que deve ser preservado. E as perdas decorrentes e inevitáveis que espreitam pelos caminhos e descaminhos da vida são, segundo penso, vejo, creio e pratico, a arte de se permitir ser uma mandala nunca acabada. Viver é construir pontes, abrir espaços, purificar as águas e os ares, e tudo isso depende de um firme propósito de existência.

Cobrarei de mim mesma a manutenção da minha vitalidade por via:

a) Da busca do reconhecimento da vanguarda e do pioneirismo na instalação da cultura, ferramentas e práticas do *mentoring* nas organizações brasileiras;

b) Da construção e disseminação de aprimorada tecnologia de preparo de CEOs, Gestores do Nível Top e seguidores do meu trabalho. Nesse caso, além do papel como condutores dos sistemas organizacionais, seguirei instigando nos clientes a consciência de valores e missões livres do discurso bonito e plena de propósitos de ação concreta.

c) Do desapego, muito desapego, como o do cultor do Ikebana, tradicional arte de arranjos florais, harmonizadas com múltiplos materiais, segundo a qual o importante é a construção das formas e linhas de expressão, dentro de um suave composto holístico. O cultor da Ikebana não constrói belezas para satisfazer seu senso estético; ele quer mesmo é disponibilizar a linguagem original da natureza e fazer que os apreciadores fiquem melhores que antes da contemplação dessa técnica. Diante disso, à medida que meu papel é o de preparar pessoas, assim será feito em respeito à individualidade de cada uma e dos seus vínculos às demais pessoas e às infindáveis possibilidades de excelência material e emocional. O melhor de mim é o outro, a quem facilitei a construir-se como pessoa e dirigente de outras pessoas. Isso é o que penso.

É esse o meu legado, um ato consciente de desapego, porque sou apenas fiel depositária do conhecimento. Ele é a chave para a minha reinvenção contínua e sustentada, inspirada na noção de tempo e espaço da física da criação: a expansão é permanente e em aceleração constante em todas as direções. Sempre que me perguntam "Rosa! Você não para nunca?", eu respondo: "E por que devo parar, se estou bem correndo junto com o Universo a 300 mil quilômetros por segundo?"

Meia-idade:
Uma etapa de inflexão

A meio caminho na jornada da vida
Encontrei-me numa floresta escura,
tendo perdido o caminho.

Dante Alighieri, O Inferno

Se trouxeres à tona o que está dentro de ti,
O que é trazido à tona te salvará.
Se não trouxeres à tona o que está dentro de ti,
O que não trouxeres à tona te destruirá.

Evangelho de São Tomé

Para muitos, esta tem sido uma fase de desespero e preocupações. Alguns sentem que o tempo corre mais rápido. Outros, uma nostalgia por não terem aproveitado o tempo passado na sua plenitude, querendo recuperá-lo agora. Para outros ainda, uma fase de grandes realizações com base em períodos anteriores vividos intensamente. Dentre todas estas opções, ela se apresenta como uma oportunidade de reexaminarmos nossas vidas e fazermos a pergunta por vezes assustadora e sempre libertadora: quem sou eu além da minha história e dos papéis que interpretei? Para Hollis (1995, p. 9), "quando descobrimos que vivemos até agora algo que constitui um falso eu, que temos representado até o momento uma idade adulta provisória, impelidos por expectativas irrealistas, nós nos abrimos finalmente para a possibilidade de uma segunda idade adulta, nossa verdadeira individualidade".

Entre os profissionais, homens e mulheres que aspiravam carreiras brilhantes, essa fase pode ser um forte período de frustração. Mães descobrem que se dedicaram aos filhos e à família e descuidaram-se de si mesmas. Empresários que construíram impérios, mas não sabem como desfrutar destas conquistas. Figuras públicas, modelos, artistas, políticos, que no auge da sua carreira começam a desesperar-se pelo que virá depois.

Hollis (Ibidem, p. 9) complementa:

> É a ocasião de redefinirmos e reorientarmos a personalidade, um rito de passagem entre a adolescência prolongada da primeira idade adulta e o nosso inevitável encontro com a velhice e a mortalidade. Aqueles que passam conscientemente pela transição trazem mais significado à sua vida. Os que não passam permanecem prisioneiros da infância, não importa o sucesso aparente que possam ter na vida.

Mais uma vez, a vida nos chama para sermos escritores de nossa própria história, e não expectadores ou vítimas do que o "destino" nos traçou. Nossa capacidade de crescimento depende de nossa capacidade individual de nos voltarmos para dentro e assumirmos a responsabilidade pela história de nossa vida. Definitivamente não estamos aqui somente para representá-la, mas para sermos autores e protagonistas do papel que escolhermos.

Se não acreditarmos nisso, encaramos a vida como um romance: aqueles contos de fadas que a "civilização do desejo" nos vende, nos quais nossos ritos de passagem (15 anos, 18 anos, casamento, nascimento dos filhos, festa de 1 ano dos filhos, 40 anos, 60 anos etc.) são representados por verdadeiros espetáculos, onde fábulas de dinheiro são gastas para mostrar aos outros felicidade, sucesso familiar e profissional – sucesso? Riqueza? Felicidade? E a nossa história?

E, desta forma, passamos passivamente de página em página. Autores como Hemingway acreditam que se o herói não morrer é porque o autor simplesmente não terminou a história. Assim, morreremos na última página, tendo ou não atingido as promessas da civilização do desejo: sucesso, fama, felicidade. O verdadeiro convite é aquele que nos chama para que nos conscientizemos, aceitemos a responsabilidade pelo resto das páginas e arrisquemos enfrentar a grandeza da vida à qual fomos convocados, encarando-a de frente.

É nessa fase que os indivíduos mais sentem o dilema da busca do equilíbrio entre trabalho e desfrute. Neste momento, percebemos o futuro bater a nossa porta de uma outra forma, como se a batida tivesse menos energia e saísse de um corpo mais frágil. Começamos a olhar ao redor e enfrentar os dilemas do envelhecimento entre entes queridos e próximos – nossos pais, avós, tios e tias. Verdadeiramente estamos atravessando "o meio", e o contraste entre a juventude e a perspectiva da velhice para nós se apresenta. Assim Schopenhauer o retrata:

> Encarada do ponto de vista da juventude, a vida é um futuro indefinidamente longo, ao passo que na velhice ela parece um passado deveras curto. Assim, a vida no seu início se apresenta do mesmo modo que as coisas quando nós as olhamos através de um binóculo usado ao contrário; mas, no seu final, ela se parece com as coisas tal como são vistas quando o binóculo é usado de modo normal. Um homem precisa ter envelhecido e vivido bastante para perceber quão curta é a vida (SCHOPENHAUER apud GIANNETTI, 2012, p. 59).

É por termos vivido já alguns anos que percebemos esse desequilíbrio e nos assustamos pelo futuro que não programamos. Poderíamos até afirmar que existe uma combinação muito interessante sobre a qual ouvimos as pessoas se referirem constantemente. Alcançar uma alta produtividade combinada com felicidade. Fácil?

Essa combinação é procurada em todos os âmbitos de atuação, e o desequilíbrio provoca angústias e crises. Novamente vale a pena voltarmos à questão da nossa liberdade, provocada por Bauman, como nos imaginarmos livres se o chamado da modernidade é para que sejamos verdadeiros super-heróis, homens e mulheres, nos quais os padrões exigidos para todos os papéis implicam em alta produtividade e felicidade. Como faremos esse fato heroico neste mundo atual tão competitivo? Como uma mulher pode ser uma excelente mãe e profissional produtiva ao mesmo tempo? Este mundo não nos permite escolhas nas quais nossa felicidade implique em menor produtividade em qualquer dos papéis? Não! Temos que ser super.

E nesta trama estão envolvidas todas as nossas atividades, interesses e associações que contribuem para o bem-estar familiar e o crescimento da vida pessoal e comunitária. Além do trabalho, com ou sem vínculo organizacional, existem também as atividades domésticas: o cuidado dos filhos, manter boa relação conjugal, conviver com pais, irmãos, sogros e parentes requer esforço semelhante ao de um trabalho remunerado. O crescimento é individual e social, pois desta combinação podem surgir pontos de equilíbrio para vencer etapas.

O psiquiatra espanhol Enrique Rojas defende a tese de que a felicidade "é uma experiência subjetiva que se apoia sobre dois pilares, a saber: encontrar-se a si mesmo e ter um projeto de vida coerente" (ROJAS, 1986, apud BERNHOEFT, 1991, p. 37).

Segundo ele, em seu livro *Una teoria de la felicidad*, o projeto de vida deve envolver aspectos profissionais, afetivos e culturais. Em nossa opinião, essa necessidade acentua-se na fase da meia-idade, quando o dilema de um sentido para a vida se torna mais emergente. Vejamos as sugestões de Rojas:

1. O projeto deve ser, como seu próprio nome indica, pessoal; o EU sendo o protagonista do mesmo.
2. Deve responder a inquietudes, desejos e aspirações particularmente subjetivas que proveem do meu interior e transcendem da minha forma de pensar e entender o mundo que me cerca. Mas também deve existir um lado objetivo: no seu todo, ele deve estar orientado para o bem – primeiro o pessoal, em seguida o alheio. Entendemos como bem, na concepção individual e social, a afirmativa de São Tomás de Aquino, para quem ele é "a completa satisfação da mais profunda sede do homem".
3. Tem que ser realista: tenho que reconhecer meus pontos fortes e fracos. Ambos ocorrem num contexto que é o perímetro das circunstâncias que me cercam, ou seja, a realidade. Portanto, este é o cenário em que meu projeto deverá realizar-se.
4. O meu projeto pessoal exige de mim esforço, já que ele deve ser uma realização minha. Tudo isso significa que devo priorizar duas ações: a) a primeira é evitar a dispersão: querer estar em muitas atividades e lugares permite que me torne improdutivo; b) a segunda é conseguir *dizer não* às muitas solicitações e apelos provenientes do mundo externo, tendo em vista que muitos deles me afastam do rumo traçado.
5. Além dos aspectos subjetivos e objetivos mencionados, não se esqueça do caráter biológico do seu projeto de vida. Cuide de sua saúde para que não surjam debilidades físicas que o derrotem ou justifiquem o seu não atingimento do objetivo.

Todo esse conjunto de observações torna-se ainda mais importante para aqueles que depositam boa parte da energia e qualidade de sua vida no sucesso profissional.

Manfred K. de Vries, fundador do centro de liderança global INSEAD, grande pesquisador na área de carreira, liderança entre outros temas, traz a meia-idade como um grande marcador do conflito do indivíduo consigo mesmo. Neste momento é levado em conta não apenas as realizações, mas também o que não foi realizado. Traços de personalidade aliados a circunstâncias externas determinarão a maneira de enfrentar o balanço que fará de sua vida. Os sintomas de stress serão apresentados em função da atitude adotada para enfrentar a crise – por exemplo, as reações depressivas e a hiperatividade, que contribuem para a incidência de ataques cardíacos, podem ser reflexo tanto da sensação de estar aprisionado num beco sem saída, proveniente das muitas obrigações, quanto de aspirações frustradas.

Concluindo este capítulo sobre a meia-idade, apresentamos abaixo um guia com perguntas que poderão ajudá-lo a analisar o seu momento de vida.

ANÁLISE DO SEU MOMENTO DE VIDA

1. Descreva abaixo seu momento atual de vida. Divida-o em dois pontos.

   a. PROFISSIONAL (em relação à sua carreira e momento no trabalho: realização, adequação, salário, plano de carreira)

   _____

   _____

   _____

   b. INDIVIDUAL (estilo e qualidade de vida, realizações pessoais, vida amorosa, vida familiar, relacionamentos com amigos etc.)

   _____

   _____

   _____

Longevidade ✳ Os desafios e as oportunidades de se reinventar

2. Reflita: em suas escolhas tanto profissionais quanto pessoais, houve influência da sua família e da sociedade? Quais as consequências dessas escolhas? Você as faria novamente?

_____

_____

_____

3. Pensando comparativamente sobre o seu trabalho e a vida pessoal, qual sua prioridade? Por quê?

_____

_____

_____

4. Que mudanças significativas estão ocorrendo em sua vida no momento?

COM VOCÊ

_____

_____

_____

COM SEU TRABALHO

_____

_____

_____

AO SEU REDOR

_____

_____

_____

NO MUNDO

5. Com base nas reflexões feitas, quais são as prioridades e ações que deve tomar?

> Provocações para refletir

Viver à toa?

Isabella Bastos de Quadros

A curiosidade infantil diante dos mistérios da vida é algo que me intriga e encanta ao mesmo tempo. Meu filho mais velho me perguntou um dia desses: "Mãe, se você soubesse que ia viver 124 anos, trabalharia até quantos anos?"

Eu, surpreendida com a pergunta, respondi quase de imediato que trabalharia até uns 110 anos. Ele ficou em silêncio por alguns segundos e retrucou: "Que bom! Você ainda teria uns catorze anos para viver à toa!"

O diálogo acabou por aí, era noite, hora de dormir (suspeito que eles escolhem a dedo esses momentos para lançar as questões mais capciosas!), mas continuei pensando na sua conclusão: Será possível viver à toa?

Considerando minha trajetória até aqui – quarenta anos de estrada –, confesso ter passado, e ainda vivenciar com frequência, momentos que apelidei de "fases de incubadora", onde fecho para balanço e cujos passos dados são, propositalmente, mais curtos e vagarosos. Acredito que fico lenta para compensar a movimentação dentro de mim que, nessas fases, é incessante, acontece aos turbilhões e exige uma escuta interna de emoções e sensações variadas.

Como desejar o ócio, quando o próprio desejo e a realidade estão distantes por um abismo? Como desejar o ócio, quando a intimidade com sensações e sentimentos foi perdida? Para completar, o ócio virou tabu em uma sociedade que valoriza muito mais o que produzimos do que o que somos...

Enquanto refletia, me recordei do questionamento de um paciente que fez 70 anos há pouco e busca um sentido para sua vida pós-aposentadoria com auxílio do processo terapêutico: "Nos planejamos para esta fase de que forma? Para viver com dignidade através da independência financeira ou para viver feliz o tempo que nos sobra?" Isso mesmo, ele se referiu ao tempo que nos sobra e não ao tempo que nos resta! Afinal, vivemos cada vez mais e ainda não estamos preparados para este acontecimento, para passarmos tantos anos a mais sem "produzir"!

Será que essa dúvida existiria se estivéssemos mais próximos dos nossos quereres em detrimento dos nossos deveres? Afinal, a quem nossos projetos de vida pretendem contentar?

Enxergo nesta dinâmica o rótulo de um produto que se torna "confiável" no decorrer do tempo vivido, mas cujo conteúdo foi sendo esquecido em detrimento da valorização deste mesmo rótulo. Neste contexto, o inédito da vida se faz presente através de lutos ou aposentadorias que nos empurram para um vazio sem nenhuma perspectiva de continuidade. Um vazio de nós mesmos, já que o superficial não resiste ao tempo, às rugas, às transformações na imagem e no "rótulo" tão festejado!

É fato que não conseguimos resolver todas as nossas inseguranças, mas percebê-las como aliadas pode nos impulsionar para além de nós mesmos e tornar-se uma grande saída para um mergulho mais profundo e que propicie o surgimento de novos e preciosos conteúdos.

A imaginação e o desejo são "saídas de emergência" providenciais nesta roda-viva, promovendo o descontentamento com o cardápio de sempre, não permitindo que nos conformemos com a mesmice e nos desafiando a trilhar caminhos desconhecidos onde podemos nos descobrir sem a necessidade de rótulos. E por que não?

Pois é, até para se viver à toa é preciso cultivar significados que nos permitam suportar as incertezas da vida e dos caminhos. O ócio, desejo tão natural na imaginação do meu filho, deveria ser cultivado desde a infância e marcado com cores bem vibrantes em nossas agendas como um compromisso inadiável para ser desfrutado no presente e em qualquer idade. A vida é agora ou nunca!

✳ Experiências de vida

Por que esperar chegar aos 80 anos para fazer o que lhe faz sentido?

Marcos Flávio Azzi

Com o olhar de quem fez da meia-idade uma inflexão e reescreve sua história a partir do que ele mesmo considera uma característica genética, trazemos o depoimento de Marcos Flávio Azzi, hoje presidente do Instituto Azzi.

Mineiro, nascido em 1972, natural de São Gonçalo de Sapucaí, passou toda sua infância e adolescência em Minas.

"Meu pai foi gerente de banco, o que sempre nos obrigava a mudar de cidade de tempos em tempos. Trabalhou por lá por 42 anos. A vida inteira, dos 15 aos 57 anos, talvez até gostaria de ser enterrado com a camisa do banco. Depois que se aposentou, ainda continuava indo ao banco todo dia para retirar extrato, para continuar lá.

Minha mãe foi professora e estudou por dez anos interna no Colégio Sion.

Tive essa influência de valores corporativos do meu pai e religiosos católicos da minha mãe. Desde pequeno, minha mãe fazia caridade, atitude muito arraigada em casa.

Somos um casal de filhos, eu e minha irmã quatro anos mais nova.

Toda vez que a gente via alguém na rua pedindo dinheiro ou com alguma dificuldade, minha mãe sempre falava: "Me coloquem no lugar". Crescemos com essa questão de colocar nossos pais no lugar dos necessitados.

Até hoje quando um garçom me serve, ou o frentista do posto, eu penso no meu pai. Será que eu não perguntaria onde ele mora, quantos filhos ele tem, como é a casa dele. Sempre fiz isso, sempre tive essa preocupação. Fui educado assim.

Com 19 anos, eu vim para São Paulo fazer faculdade, administração na FAAP. Fui morar numa quitinete na Praça 14 Bis, perto da FGV. Eu tinha que trabalhar. No segundo ano da faculdade, comecei a procurar emprego no mercado financeiro.

Nas entrevistas, tomei NÃO da Consolação até o Shopping Paulista, porque os bancos eram todos ali. Consegui emprego em uma pequena corretora no centro, ao lado do Teatro Municipal e do Cine Cairo

Era o que dava para um jovem que veio de Minas, estudou em escola pública, não falava inglês e morava na Praça 14 Bis. Meu sapato cabia ali. Só procurei mercado financeiro, porque minha referência era o meu pai, não tinha outra. Achava que isso era o que tinha.

Minha chance era agarrar a oportunidade com unhas e dentes e ver no que podia dar.

Comecei a namorar minha esposa com 19 anos, estamos juntos até hoje, dois filhos, sem nunca brigar uma noite. Nos conhecemos em Itajubá em 1992 e casamos em 1997.

Quando eu entrei na corretora, não sabia nada de calcular cota de fundos nem de gerir fundos. Era 1995, a gestão de fundos estava começando no Brasil, logo depois do Plano Real, que foi em julho de 1994.

Desde que eu entrei na empresa, sempre falava – eu gosto é de gente. A grande sacada da minha carreira foi a percepção dos sócios que me contrataram: "Você tem um talento nato para a área comercial, não porque você sabe fazer isso, não porque você estudou para fazer isso, mas porque você nasceu comercial, desde os 4 anos de idade, você muda periodicamente de cidade, seu dom para fazer e perder amizades é único".

"Vamos investir nisso, você vai ser comercial. Toma aqui três, quatro fundos, e vai vender."

Enquanto os meus pares faziam de duas a três reuniões por semana, eu fazia cinco. Afinal, falar com gente nova sempre me dava prazer. Adoro isso.

Entramos em cinco anos de crise mundial: Indonésia, Malásia, Rússia, desvalorização do real em 1999, Nasdaq em 2000, World Trade Center em 2001 e Lula em 2003 que deu aquele repique de 3,80 reais no dólar. E os fundos passaram muito bem por todo esse período.

Virei sócio em 2000.

Quando veio o governo Lula, tivemos uma estabilidade surpreendente e nós começamos a crescer rapidamente porque os fundos tinham passado bem por todas as crises.

Enquanto meus pares tinham uma caixinha de cartões com duzentos nomes, eu tinha oito, porque eu nunca parei de visitar, tinha prazer nisso. Estatisticamente, quem falou com duzentos, tem vinte, quem falou com mil, tem cem. Eu comecei a ter resultados muito bons.

Consegui comprar um apartamento pequeno na Vila Mariana, dois carros. Fiz MBA na USP em Finanças.

Em 2003, os fundos já estavam bem, e montamos um instituto para fazer filantropia, ajudar os necessitados. Fui conselheiro, assinava cheque, visitava projeto social, lembrando a minha infância.

Nesse momento, pensei, se estou instigando meus sócios a fazer filantropia, tenho que dar o exemplo e começar a fazer.

Criei um número para minha destinação à filantropia: 1% do meu patrimônio total anualmente, apurado em 31 de dezembro.

Eu precisava escolher uma causa. Visitei muitos projetos sociais do instituto e vi que as crianças, embora assistidas, voltavam para casas insalubres com condições extremamente precárias de moradia. E percebi que muitas vezes reformas simples poderiam ser feitas e resolviam problemas mais complexos. Por exemplo: colocar uma parede para separar cômodos e fazer com que o casal não dormisse com os filhos.

Com 1% do meu patrimônio em 2003 para reforma, fiz sessenta casas em Perus.

Aquilo me satisfez, e no ano seguinte fui para Brasilândia e fiz mais 240 casas em dois anos. Sem incentivo fiscal, filantropia. No Brasil, 1% do patrimônio você recupera com a elevada taxa de juros.

Essa é minha causa há doze anos, reformar casas. Já fiz mais de mil até hoje, diretamente com ONGs da comunidade.

Em 2006, o Brasil vira a bola da vez, e todos os bancos internacionais queriam montar uma base aqui. Nós tínhamos algo em torno de 10000 clientes, estávamos sozinhos. Tivemos uma excelente proposta de um banco suíço, que nos complementava perfeitamente em termos de estratégias de negócios.

Com 36 anos, eu comecei a repensar o que faria da minha vida. Naquele momento eu tinha o privilégio de poder tomar uma decisão na qual o dinheiro não era o fundamental e, com isso, buscar o que realmente fazia sentido para mim.

Tentando montar meu projeto, comecei a conversar com meus clientes. Meu público-alvo sempre foi a pessoa física de alto poder aquisitivo, com o intuito de descobrir como eles atuavam em filantropia.

Com esse questionamento, descobri algumas características comuns nesse investimento: irrelevante em relação ao patrimônio; sem foco; esporádico; geralmente visando alguma consequência (incentivo fiscal, ajudar um amigo, entre outras).

No final do ano, em geral, não se sabe quando, quanto, qual o impacto social, para quem foi doado.

Em 2007, perguntava: o que deveria existir para que as pessoas atuassem de outra forma? Para que criassem um legado em filantropia? Para melhorar a prática? Para criar um valor novo? Filantropia une a família.

Em 2008, comecei a desenhar o que seria o Instituto Azzi ainda como executivo. Ele nasceu com 5 características:

› O nome de alguém para "culpar" (responsabilizar).
› Gratuito.
› Uma equipe não necessariamente ligada ao terceiro setor e remunerada por desempenho (entregar os projetos, indicadores de impacto).
› Avaliação isenta da ONG. São sessenta questões em quatro frentes: gestão, transparência, impacto e solidez.
› Da forma que o investidor desejar atuar.

Minha saída do mercado financeiro não foi tão simples quanto parece. Sabia que precisava romper de vez com o passado, fazer algo que "virasse a chave" para sempre. Optei por passar alguns dias no deserto do Atacama sozinho, sem mulher, sem filhos.

Passava os dias sozinho, olhando para o infinito. Sonhei meio dormindo meio acordado, talvez pelo relaxamento e algumas taças de vinho, com algo maior.

Em resumo, o chamado "pós-carreira" se torna mais agradável, desafiante e relevante se for na derivada da carreira anterior. Lidei com pessoas físicas de alto poder aquisitivo na alocação de recursos em ativos financeiros, atualmente me relaciono com o mesmo público, porém alocando recursos em projetos sociais.

Em minhas reflexões, penso que ser um transformador, muitas vezes, é consequência inevitável do destino. Busquei essa vida.

Não considero o que faço um trabalho simples, tanto que me tornei um pesquisador dedicado a descobrir: por que as pessoas não doam?

Na literatura, encontrei as características para definir alguém como altruísta:

1. Nasceu – genético;
2. Família – pessoas na família que fazem filantropia;
3. Meio – nasceu em um ambiente que a filantropia é habitual;
4. Trauma – uma doença ou um caso muito sério na família que leva todos a olharem para aquela causa;
5. Senso de devolução – o senso de devolver para a sociedade algo.

Acho que, no meu caso, encontrei três: genética, família e senso de devolução.

O que me instiga nessa busca é notar os fortes contrastes brasileiros. Como temos uma das maiores economias do mundo, mas decepcionamos no desenvolvimento humano? Luto pela mudança na corrida desigual em que vivemos. Todos precisam ter semelhante nível de educação, de saúde e de condições para se desenvolver. Seleção natural são dois filhotes de leão na mesma savana, com as mesmas oportunidades. Aqui temos pessoas com tudo diferente. Quem nasce na periferia é estimulado, tem escola e médicos diferentes... O que é justiça? É dar a cada um o que merece.

Hoje o Instituto tem seiscentas ONGs no cadastro, 150 aprovadas, 82 já receberam investimento. Nesse período movimentamos cerca de 12 milhões de reais para o terceiro setor e sem incentivo fiscal.

Quando penso sobre o futuro, sobre novos projetos, me imagino fazendo mais do mesmo, aprimorado, mais capilar: mais gente, mais cidades, mais países. Falar sobre altruísmo, solidariedade etc. A questão da filantropia ainda é muito difícil porque existe uma questão cultural muito forte que impede o crescimento do nosso trabalho. Melhorar a visibilidade também é um dos nossos objetivos.

Eu não fui aqueles executivos de dedicação exclusiva que quando volta não conhece direito nem os filhos nem a mulher. Minha família sempre teve um valor muito forte. Sempre me organizei para almoçar em casa, tentei dividir meu tempo entre minha família e meu trabalho, minha opção de reorganização não foi motivada por uma necessidade de estar mais com minha família. Considero-me privilegiado. Tive a oportunidade de ouro de fazer o que bem queria. Por que esperar ter 80 anos para fazer uma grande doação de patrimônio? Quem diz que chegarei aos 80 anos?

A velhice:
A sabedoria de reinventar-se

O velho do espelho

Por acaso, surpreendo-me no espelho: quem é esse

Que me olha e é tão mais velho do que eu?

Porém, seu rosto... é cada vez menos estranho...

Meu Deus, meu Deus... Parece

Meu velho pai – que já morreu!

Como pude ficarmos assim?

Nosso olhar – duro – interroga:

"O que fizeste de mim?!"

Eu, Pai?! Tu é que me invadiste,

Lentamente, ruga a ruga... Que importa? Eu sou, ainda,

Aquele mesmo menino teimoso de sempre

E os teus planos enfim lá se foram por terra.

Mas sei que vi, um dia – a longa, a inútil guerra! –

Vi sorrir, nesses cansados olhos, um orgulho triste...

Mario Quintana, 1951

O poema "O velho do espelho", do poeta Mario Quintana, ao retratar a surpresa causada pela imagem do corpo refletida, denuncia a dificuldade da relação do ser humano com o próprio envelhecimento.

Bauman utiliza uma metáfora quando retrata a pluralidade oferecida pela modernidade: "O mundo cheio de possibilidades é como uma mesa de bufê com tantos pratos deliciosos que nem o mais dedicado comensal poderia esperar provar de todos" (2001, p. 75). O envelhecimento é um prato cada vez mais servido e experimentado, talvez não o mais escolhido, apesar de todos saberem que a única alternativa para não envelhecerem é morrer antes da velhice.

Vivemos numa sociedade na qual o valor do indivíduo adulto é medido pela sua produção. Podemos inserir a capacidade de reprodução inclusive. E, dizendo isso de outra maneira, podemos observar que a autoestima das pessoas depende, em grande parte, da sensação e avaliação que fazem e também é feita pelos demais em relação ao seu trabalho e ao cumprimento do papel familiar. Esta importância, dada aos aspectos produtivos, tem várias origens, como já vimos no capítulo sobre a história do trabalho. Mas a principal consequência é o temor que as pessoas passam a ter com relação à velhice, período ainda socialmente reconhecido como não produtivo. A própria palavra "aposentadoria" tem sua origem em "aposentos", ou seja, antigamente tratava-se de um período no qual a pessoa estaria recolhida aos seus aposentos, portanto relacionada ao não pertencimento ao mundo produtivo.

"O governo deve oferecer aos operários uma mão amiga na aflição, não como esmola, mas como um direito", afirma Bismarck, na Alemanha, em 1889, quando criou a lei que concedia aos trabalhadores maiores de 60 anos uma pensão a título da aposentadoria.

Nessa época, a expectativa de vida média da população alemã era de 46 anos. Mesmo assim, essa foi uma medida tão revolucionária que demorou alguns anos para os demais países a adotarem, sendo incorporada pela Inglaterra em 1908, pelos Estados Unidos em 1935 e pelo Brasil em 1938 para algumas categorias de trabalhadores.

Atualmente, a expectativa média do cidadão alemão é de 80,89 anos, o que concede o benefício a praticamente toda a população por um período, considerando a média citada, de 20 anos.

As primeiras preocupações e estudos sobre a questão da aposentadoria e do envelhecimento no Brasil iniciaram no ano de 1962, quando o Sesc enviou um grupo de estudos para pesquisar o que já vinha sendo realizado nos Estados Unidos. Adicionalmente essas pesquisas se estenderam à França, verificando como as pessoas idosas que se aposentavam preenchiam o seu tempo.

No que se refere às iniciativas governamentais, o primeiro registro relativo ao assunto é de 1976 quando o Ministério da Previdência e Assistência Social realizou um levantamento sobre a situação do idoso no território nacional. Essa iniciativa se torna um marco decisivo de uma reflexão mais profunda na busca de uma linha de trabalho centrada em uma política social efetiva para a velhice.

Mas será que são só os números que mudaram? O indivíduo que completa 60 anos hoje é igual àquele que Bismarck beneficiou em 1889? Ou ainda, àquele pesquisado pelo Sesc em 1962?

Hoje, ao completarmos 60 anos, somos ativos, criativos, com sonhos e desejos, porém passamos a pertencer ao mundo dos "velhos", "idosos", "terceira idade" ou qualquer das nomenclaturas pelas quais são reconhecidos no Brasil e no mundo.

E o temor nasce daí: Como ser rotulado como não produtivo na modernidade onde o que vale é alta produtividade? Como seremos felizes no momento que além de não sermos altamente produtivos, estamos excluídos do mundo da produção?

Existe uma lenda de uma tribo indígena que possuía o costume de levar os velhos para o alto de uma montanha e abandoná-los lá à sua própria sorte. Em certa ocasião, em que fazia muito frio, um filho que acompanhava o pai, penalizado pela missão de que estava incumbido, disse:

– Pai, vou deixar este cobertor aqui, para que o senhor se proteja do frio.

Ao que o velho respondeu:

– Deixe só a metade, filho. Fique com a outra para quando chegar a sua vez.

Usamos essa passagem para lembrar que o tempo passa, e atualmente nossa sensação, graças à agenda carregada que temos, é a de que ele passa cada dia mais rápido, e assim todos chegaremos lá, com exceção daqueles que morrerem antes.

Em grande parte, a dificuldade que muitas pessoas possuem para encarar a velhice decorre do próprio tipo de vida que levaram nas etapas anteriores. Problemas psicológicos, econômicos, sociais, biológicos e familiares podem influir profundamente. Mas também, como vimos desenvolvendo ao longo dessas páginas, é fundamental a postura do indivíduo frente à vida.

A velhice nos causa estranhamento, passando a ser a fase para a qual não fomos convidados. Angela Mucida amplia a compreensão dessa ideia quando relata que parece não sabermos em qual momento de nossa vida ela passa a se chamar velhice:

> A sensação de que somos os mesmos acarreta dificuldades em nos reconhecermos na imagem que os espelhos nos oferecem em diferentes momentos da vida. Como não envelhecemos de uma só vez, ainda bem, percebemos o envelhecimento muito mais claramente nos outros do que em nós mesmos. Há uma miopia na relação do sujeito com sua imagem (MUCIDA, 2009, p. 23).

Nesse mundo "moderno líquido", a identidade é atemporal, uma vez que não é composta somente do tempo chronos, tempo do relógio, porque, se assim fosse, todas as pessoas com a mesma idade seriam iguais. Ela acontece, pois, dentro do espaço kairós do tempo, ou seja, o tempo vivido, experimentado, único, individual, um tempo armazenado.

O envelhecimento, fora de nós, no espelho e para o outro, ocorre no tempo chronos, independentemente das nossas experiências. Dentro de nós, ele é sentido em tempos distintos, cada um construindo sua história, sua identidade ao longo do tempo e por suas memórias.

Esse possível descompasso entre chronos e kairós nos torna vulneráveis ao envelhecimento por não o percebermos. Como depõe Simone de Beauvoir, escritora, filósofa existencialista e feminista francesa, a velhice é um fenômeno de estranhamento, que acontece em nosso corpo, deflagrado pelos outros.

Apreender esse descompasso entre os tempos chronos e kairós é o caminho para entendermos a heterogeneidade, a diversidade da velhice; decifrar que envelhecemos da maneira como vivemos.

As imagens do envelhecimento estão estereotipadas no tempo chronos, tempo marcado por símbolos do declínio funcional, das perdas, da fragilidade. Símbolos temidos – cabelos brancos, calvície, rugas, mãos com manchas senis, adereços com pérolas, vestidos florais, boinas – são marcas que compõem esse imaginário de velho. Para Elisabeth Mercadante, o velho é o que "todo mundo já sabe", e todos o entendem como ser declinante biológica e socialmente. Segundo ela, todas as características a ele atribuídas, na construção da sua identidade, direcionam para essa representação social, para um modelo geral, predominantemente carregado de desígnios negativos.

A velhice também está sujeita a outras nomeações cujos significados são dados sempre pela cultura, e que acabam oferecendo diversas possibilidades de velhice, propondo à própria definição etária novos recortes: jovens idosos (65-75 anos); idosos – idosos (acima de 75 anos), idosos mais idosos (maiores de 85 anos), segundo Debert.

Acompanha o crescimento dessa faixa etária a criação de uma nova linguagem em oposição às antigas formas de tratamento dos velhos e aposentados: a terceira idade substitui a velhice; a aposentadoria ativa se opõe à aposentadoria; o asilo passa a ser chamado de centro residencial, o assistente social de animador social e a ajuda social, de gerontologia. Os signos do envelhecimento são invertidos e assumem novas designações: nova juventude, idade do lazer.

Na "modernidade líquida", o tempo passou a ser instantâneo; a "instantaneidade significa realização imediata, 'no ato' – mas também exaustão e desaparecimento do interesse" (BAUMAN, 2001, p. 137). A velocidade da mudança dá um golpe mortal no valor da durabilidade: "antigo" ou de "longa duração" se torna sinônimo de fora de moda, ultrapassado, algo que "sobreviveu à sua utilidade" e, portanto, está destinado a acabar em breve numa pilha de lixo". Como desatrelar o envelhecimento humano desse conceito tão enraizado na modernidade?

O humano precisa participar do instantâneo, do veloz para buscar sua durabilidade, porque no momento em que ele não acompanha tal ritmo, o atributo de ultrapassado passa a pertencer à sua identidade. Acompanhar tudo o que nos rodeia, na velocidade em que acontece, passa a ser uma meta que produz angústia, pois no momento em que imaginamos dominar uma tecnologia, uma terminologia, já há outro substituta. Estamos no tempo da "obsolescência programada".

Acompanhar os avanços da tecnologia e da ciência, os apelos para o "envelhecimento ativo", o consumo da beleza, da saúde, exige uma busca incessante, angustiante. Uma possível saída é nos remetermos às nossas memórias, ao nosso tempo kairós, e nele buscarmos segurança. Afinal, como citado em Norberto Bobbio (1997, p. 30), jurista italiano, em seu livro *O Tempo da memória*, "somos aquilo que pensamos, amamos, realizamos: somos aquilo que lembramos".

A velhice tornou-se um assunto público, tendo em vista que os números indicam quão urgentes são as providências para o enquadramento de políticas que a atendam. Por que não fazermos o mesmo com a imagem, com a identidade do velho? Para isso, precisamos tornar pública a diversidade da velhice, expor nossos velhos adultos, como são: o resultado de diversos atributos, podendo ou não o velho ser um deles.

No Brasil, os números do envelhecimento começam a ser evidenciados para as diversas áreas como desafios, seja na medicina, no estabelecimento de políticas públicas, seja na economia, que buscará o equilíbrio da previdência. O marketing, a publicidade e a mídia também são desafiados a oferecerem uma melhor representação, uma tradução que se aproxime cada vez mais de quem é esse novo personagem que já ganhou notoriedade no cenário mundial e desponta no Brasil para essa posição.

Um dos caminhos possíveis é aquele que considera a vivência, a experiência e a diversidade, e possibilita, dessa maneira, um novo imaginário de velho, uma vez que existem tantos exemplos de velhices possíveis a serem mostrados. Entende-se a necessidade do mercado na institucionalização do curso da vida, na segmentação, mas por que não levar em conta gostos, preferências, desejos também nesta fase?

Nossa construção individual deve levar em conta o fenômeno da longevidade. Precisamos, sim, nos planejar para uma vida mais longa. Levar em conta tudo o que foi contextualizado neste capítulo, mas não negligenciar que, com a existência de um projeto, nossa criatividade fica livre, e juntando-os, projeto + criatividade, conseguiremos o mais prazeroso da vida, que é nos reinventarmos a partir do que fomos, do que somos e daquilo que queremos ser. Basta usarmos nosso tempo kairós para sermos livres.

> Provocações para refletir

AUMENTO DA LONGEVIDADE CRIA UMA REVOLUÇÃO DE IDOSOS

O aumento da população idosa, em todo o mundo, está provocando uma verdadeira revolução que merece ser estudada com interesse, carinho e respeito. Em alguns países asiáticos e europeus, esses movimentos já provocam até preconceito, *"ageísmo"*.

E um olhar mais atento sobre este fenômeno deve envolver administradores, economistas, publicitários, estrutura familiar, políticas públicas, empresas, mundo artístico, turismo, saúde... enfim, todas as áreas que têm algum interesse ou impacto sobre o comportamento humano.

Mas, ao mesmo tempo, é tema sobre o qual a literatura e os estudos ainda são escassos. Razão pela qual o livro *A revolução dos idosos: o que muda no mundo com o aumento da população mais velha*, do jornalista e filósofo alemão Frank Schirrmacher, reveste-se de grande interesse para todos nós que participamos, ativa ou passivamente, deste mundo.

Embora ele trate do tema numa perspectiva da realidade europeia, e em alguns momentos mais especificamente da Alemanha, deve ser lido com atenção mesmo nos chamados "países emergentes", como é o caso do Brasil.

Nesta área é tudo muito novo, e, segundo o autor, "todos nós conhecemos a juventude, todos nós já passamos por ela. Observamos os jovens com um sorriso, sentimos inveja e tentamos copiá-los. Todas as culturas conheceram a juventude, porque todos fomos jovens algum dia, mas poucos conheceram a velhice. A velhice é na história das culturas e da evolução de nossa sociedade algo muito novo: sempre foi uma improbabilidade de vida e uma experiência de uma minoria. As pesquisas neste campo não têm cinquenta anos, uma área que foi até hoje muito pouco explorada. As pessoas idosas de hoje – segundo o biólogo Tom Kirkwood – são a vanguarda de uma incrível revolução de nossa longevidade, elas estão anunciando uma transformação de toda estrutura social e fazendo com que a vida e a morte apareçam sob nova luz" (SCHIRRMACHER, 2005, p. 16).

Como exemplo desse crescimento, a 11ª edição do dicionário Merriam-Webster ("Aurélio dos americanos") registrou nos últimos quatro anos 100 000 novos verbetes, dos quais, pela primeira vez, as áreas de saúde e medicina ultrapassaram áreas de tecnologia e informática. E 40% desses termos médicos estão relacionados de um modo ou de outro à longevidade humana.

Quando olhado na perspectiva da geografia econômica, também podem ser previstos alguns impactos que devem afetar profundamente países e suas relações internacionais.

> O envelhecimento poderá se tornar – como uma epidemia que contamina o globo – um assunto do noticiário diário, o *agequake*, nomeado pelos americanos. Não é por menos que Peter G. Peterson prevê que a linha de pobreza não será mais a que existe hoje entre o norte e o sul, mas cada vez mais a que existirá entre os países jovens e aqueles com uma grande população idosa (Ibidem, p. 44).

Referindo-se ao mercado especificamente, Frank diz que

> os executivos da área de publicidade e da indústria do cinema aparentemente ainda não entenderam que a situação mudou. E é deles que depende a maneira de como os idosos do futuro vão viver seus papéis sociais e, mais importante ainda, a maneira de como a juventude que

está crescendo será incluída no grande processo de transformação da sociedade. Quem não envelhecer junto com os grupos etários, não terá chance alguma. A população que está nascendo é pequena demais, e seu poder de compra não é suficiente para competir com a dos mais velhos (Ibidem, p. 58).

Os impactos serão inúmeros, e o autor mostra-se bastante abrangente no tratamento dos mesmos. Inclusive ele relata a atual experiência do preconceito que vem ocorrendo na Europa – especialmente na Alemanha – dos mais jovens com relação aos idosos, o que aparece também sob formas de violência.

Falando de algumas questões na estrutura da família, Frank cita o sociólogo Peter Schimany, que prevê

uma nova relação histórica de escassez, na qual teremos uma falta de parentes e, principalmente, um desaparecimento de netos. O papel dos avós, com o qual muitos idosos antigamente podiam provar sua utilidade social, terá importância cada vez menor. Muitos avós vão compartilhar entre si poucos netos (Ibidem, p. 8).

Nossas sociedades não conhecem transições entre a juventude e a velhice, a saúde e a doença, entre a ingenuidade e a sabedoria. Segundo Frank, em nossa sociedade "a vida está subdividida – como no processo de produção de uma mercadoria – em três partes: a juventude, a vida profissional e a velhice. Nenhuma das partes tem algo a ver com as outras" (Ibidem, p. 59).

Finalmente, vale um registro que consta do livro. Um estudo feito por vinte anos em uma comunidade do estado americano de Ohio demonstrou que aqueles que consideravam o envelhecimento uma fase realizadora de suas vidas e que pensavam de maneira positiva sobre os idosos, viveram, em média, sete anos e meio mais que os que não esperavam nada da velhice.

Portanto, recomendo a leitura de *A revolução dos idosos* não apenas para aqueles que estão se aproximando – ou já estão – nesta fase. Sua leitura pode abrir inúmeras perspectivas para análises pessoais e profissionais.

✳ Experiências de vida

Finalmente, minha sonhada aposentadoria

Walter Tommasi

Curtir a vida após me aposentar e sem depender de ninguém sempre foi meu sonho, e devo dizer que sua concretização me enche de orgulho e alegria.

Posso dizer isso ao comparar minha vida atual à vida de muita gente da minha idade, e o mais engraçado de tudo é que, contra as expectativas de muitos, o dinheiro foi fundamental, mas não foi tudo. Porque muitos bons momentos vêm de pequenas realizações que a gente só consegue atingir se forem desenvolvidas desde cedo.

Essas pequenas coisas são atividades que você dá valor, gosta ou gostaria de fazer, e é claro, cada um de nós tem as suas. No meu caso específico, são a pintura e o vinho.

Mas vamos rever resumidamente meu passado e notar como essas coisas cresceram ao mesmo tempo em que eu desenvolvia meu lado profissional.

Venho de uma família humilde de imigrantes italianos que vieram ao Brasil para "fazer a América". Comecei a trabalhar aos 14 anos como office boy, emprego que gostava muito por ter atividades internas e externas, e minha chefa ser uma mulher muito bonita.

Trabalhei uns dois anos e logo passei para a área de vendas atuando em diversos segmentos até completar minha maioridade. Lembro que sempre tive preocupação com meu futuro e já aos 18 anos possuía um plano de aposentadoria do falido Montepio da Família Militar (claro que todo meu dinheiro foi perdido, mas ficou o objetivo de ter um futuro de independência).

Ao mesmo tempo que ganhava meu dinheirinho, também desenvolvia meu *hobby*, a pintura. Lembro-me de ter tomado aulas de técnicas de óleo sobre tela, mas só ter aguentado três aulas, pois não queria aprender para pintar igual ao meu professor, gostaria mesmo era de desenvolver minha própria técnica.

Que moleque metido eu era! Nessa época minha família teve um grande baque, pois a empresa que meu pai havia construído, tijolo por tijolo, passou por grandes dificuldades financeiras, e ele teve que sair, como se dizia naquele tempo, com uma mão na frente e outra atrás.

Senti na pele que ganhar dinheiro não era tão fácil como parecia.

Bem, meu pai tornou-se corretor de imóveis e recuperou-se, enquanto eu partia para minha carreira, inicialmente sendo contratado para a competitiva carreira de auditoria na Arthur Andersen.

Entrar nessa empresa, definitivamente, massageou meu ego, pois o processo de seleção era muito rígido, e só poucos eram escolhidos, eu me sentia "o bom", mas um ano e meio foram suficientes para me convencer de que eu não era a pessoa certa para aquele trabalho burocrático e analítico, que eram exigências da auditoria. Pedi demissão.

Na busca por um novo trabalho, fiz entrevistas e consegui ser contratado pela multinacional Cargill Agrícola no cargo de *trainee* em novo processo longo e competitivo – claro que isso me dava muita segurança quanto a ter um futuro promissor.

Foi nessa época que decidi me casar com minha cara-metade, Liliana, afinal já podia pensar em viver independente e sustentar minha família.

Neste ínterim, eu continuava pintando de forma amadora, realmente como *hobby*, até que em 1976 conseguir participar da Bienal Nacional de São Paulo, mais uma vitória. Agora podia me tornar artista profissional!

Doce ilusão, pois a carreira profissional na Cargill trazia consigo muito trabalho e mudanças para cidades fora de São Paulo, e também pelo fato de no Brasil realmente não se dar atenção às artes como se deve. Dois anos depois, voltei a ser relacionado para participar da Bienal de 1978, mas, no final das contas, acabei sendo eliminado por minha temática ser política e contra o regime em vigor, o que foi um banho de água fria em minhas pretensões de ter uma carreira artística mais intensa.

Com isto, foquei ainda mais na minha vida profissional e recebi convites para desenvolver meu potencial fora do Brasil. Foi nos Estados Unidos, minha primeira experiência internacional, que veio ao mundo nossa primogênita

Renata, a qual devo admitir que tive muito pouco tempo para curtir, méritos totais à Liliana por fazer um excelente trabalho de criação.

No trabalho, pela minha rápida ascensão aliada à minha forte personalidade, comecei a ter alguns problemas políticos dentro da empresa, sempre superados com bons resultados e muito trabalho. Outras experiências internacionais como Holanda, Suíça e Paraguai foram surgindo, sempre em um processo de crescimento e de maior responsabilidade gerencial. Em todos os locais eu continuava pintando, ainda que de forma esporádica, pois a paixão não me deixava parar.

Foi no Paraguai, no entanto, que uma grande mudança ocorreu. Sabendo que o artista Lívio Abramo era responsável pelo Missão Cultural Brasil-Paraguai, decidi tomar aulas de história da arte com este inesquecível mestre.

Éramos mais ou menos quinze mulheres e eu, um dia ele me chamou de lado, no fim da aula, e me perguntou por que eu estava tomando aulas. Papo vai papo vem, contei a ele minhas aventuras no mundo das artes, imediatamente recebi um convite para ir ao seu *ateliê* para mostrar o que eu podia fazer.

Chegando lá, recebi folhas de cartolina, gesso, tinta nanquim, e um seco: "O.k., pode começar". Fiquei umas duas horas e fiz três trabalhos, quando entreguei a resposta foi paterna: "Meu filho, você leva jeito, volte à pintura e retome o caminho que você começou e não terminou".

Lembro desse dia ter sido um dos mais felizes da minha vida, pois, o mestre, conhecido pela sua dureza com os alunos, havia reconhecido em mim algo mais, em um campo que eu sempre quis me desenvolver.

No Paraguai nasceu minha outra filha, a pequena Marina, que completava meu time junto ao Bruno, nascido três anos antes no Brasil. Finalizada essa experiência, foi tempo de voltar ao Brasil, mas de forma bastante agitada, pois cada ano passava por uma gerência em diferentes locais, entre eles: São Paulo, Brasília, Ponta Grossa, além de gerenciar, à distância, as filiais de outros estados como Mato Grosso, Goiás, Minas Gerais e Paraná. Além de profissionalmente progredindo, na arte meu trabalho também caminhava, especialmente durante meus três anos em Brasília, que me geraram diversas exposições individuais e coletivas, além de salões. Todas essas mudanças me prejudicavam muito na consolidação do meu nome no mundo artístico local (de cada cidade), afinal, o normal é o artista fixar seu trabalho em um local e depois exportar o mesmo para outros centros.

Em 1994, mais uma decisão marcante: Liliana, cansada de tantas mudanças, pede para ficarmos em São Paulo para que pudéssemos estar mais perto das famílias e os filhos crescessem em um local só, criando vínculos de amizades.

Ponderamos sobre a possibilidade da minha carreira estagnar por não aceitar novos postos fora de São Paulo, mas a decisão foi tomada, e com ela veio uma certa estabilização e a possibilidade de criar novas rotinas. Foi neste momento que decidi entrar no mundo do vinho, comprando livros, lendo artigos em jornais e revistas, visando obter mais conhecimento, e logo o vinho se tornou uma paixão e meu novo *hobby*. Por volta de 1998, me associei à Sociedade Brasileira dos Amigos do Vinho (SBAV) e comecei a participar dos cursos e reuniões de degustação para aprimorar ainda mais meus conhecimentos. Dediquei mais tempo ao vinho, visto que a pintura parecia estar consolidada e trazia receitas através da venda de quadros.

Os dez anos seguintes foram marcados por uma reviravolta no trabalho, passei a trabalhar em uma nova empresa da Cargill, a Mosaic, na área de fertilizantes, a única empresa de capital aberto dentro de um gigante familiar que sempre manteve seu capital fechado.

Caminhavam concomitantemente a consolidação do meu trabalho artístico e o crescimento das minhas atividades no mundo do vinho, e me tornei diretor na SBAV.

O tempo passa e uma nova fase se inicia em 2000, com a minha promoção a diretor de três áreas da Mosaic, sendo a área comercial a realização de um sonho que me trouxe a estabilidade financeira para uma aposentadoria tranquila. Muito trabalho e muitas lições de vida graças à oportunidade de trabalhar com uma equipe formada de poucos superiores, alguns pares e um grande número de funcionários.

Na arte, tive a grande satisfação de realizar a retrospectiva de trinta anos no Museu de Arte de Brasília, assim como a de convencer a Cargill a montar um Espaço Cultural, no qual pude fazer a curadoria de dezenas de artistas renomados.

O vinho, por sua vez, continuava me trazendo grandes alegrias: montamos uma confraria, Sereníssima, que até hoje se encontra todos os meses para degustações temáticas. Ganhei uma coluna no recém-lançado jornal *Vinho&Cia*, com o qual colaboro até hoje, enfim, muito conhecimento e prazer acumulado junto a novos amigos.

Em 2007 o grande momento – a esperada aposentadoria. Para mim, finalmente, o momento de estar mais em casa com meus familiares, curtir o que sempre gostei de fazer, assim como de ter tempo para viagens e novas experiências. Enfim o merecido descanso, mas não aquele que chamamos do "descanso do general de pijama", mas sim um tempo de novas realizações sem a necessidade e preocupação de ganhar o pão de cada dia.

Como todo funcionário da Cargill, antes de me aposentar fiz parte de um sensacional projeto que a empresa proporcionava a seus funcionários, chamado Pós-Carreira. Lembro-me da primeira entrevista que tive com a psicóloga da empresa contratada para ministrar este programa.

Em meio às perguntas e conversas, coloquei na mesa os planos que eu tinha para fazer quando o dia chegasse, que compreendiam quatro alternativas: a montagem de uma revista de lazer; o desenvolvimento de brindes com trabalhos de arte; construção de casas e a entrada no mundo da assessoria com palestras sobre criatividade.

No fim de nossa conversa, fui brindado com o comentário, que me deixou muito feliz: "Você já está pronto para este novo momento de sua vida".

Também me lembro de ter sugerido uma pequena alteração no programa, pelo menos no meu caso, pois queria que minha esposa participasse de uma ou duas conversas com a psicóloga junto comigo. Afinal, ela é que teria que me aguentar agora em casa com toda a energia e vontade que ainda tinha. Foi assim que conheci o caro Renato Bernhoeft, e a oportunidade da entrevista conjunta foi aceita.

Nos anos seguintes, meu trabalho consistiu em preparar e passar as diretorias que eu tinha para pessoas que acreditava terem condições de comandar o barco de forma profissional e que estivessem preparadas para as mudanças que certamente viriam no futuro.

Foi um processo bastante difícil, pois o objetivo era colocar as pessoas mais capazes e não apenas amigos ou pessoas mais experientes, mas tudo correu bem. Ao mesmo tempo que fazia a passagem do bastão na Mosaic, fazia meu planejamento estratégico para a atividade que havia escolhido como minha nova carreira: a revista de lazer.

Foi um trabalho muito intenso e cheio de detalhes, porque eu sairia da posição de diretor, onde dava coordenadas, para uma fase em que as ideias que surgiam tinham de ser postas em prática por mim mesmo. Foram momentos de muitas alegrias pelos arranjos feitos para viabilizar a revista, como a parceria com os irmãos Reis da Formag's Gráfica e Editora, a quem agradeço pelo apoio e confiança dados ao projeto, e aos meus sócios Liliana Tommasi e Alberto Baggiani.

Alegria também pelo sensacional conteúdo da revista, que mesclava entre os colunistas profissionais como Renato Bernhoeft, que aceitou meu convite, Marcos Petrucelli, que fazia a coluna de cinema, entre outras pessoas novas na profissão, mas que eu havia escolhido por serem literalmente apaixonadas pelos temas propostos.

Foram três anos de emoções e alegrias, mas sem retorno financeiro. Meu desapontamento foi de não tornar a revista lucrativa, porém a experiência foi absolutamente fantástica.

Por que não deu certo? Em minha análise, faltou mais dedicação minha na área comercial, pois me recusava a misturá-la com editoria, postura que continuo achando correta, devido a não macular a imagem da revista. Enfim, nunca passou pela minha cabeça fazer matéria paga, pois, para mim, jornalismo deve ser independente.

Com muita tristeza, mas certo de que era a hora certa, depois de três anos, tomei a triste decisão de terminar com a minha publicação *free time*, uma pena. Quando já começava a esboçar meu próximo passo, surgiu a oportunidade de escrever para revista *Go'Where Gastronomia*. Apresentei minha proposta, que foi aprovada, e nela estou há quase quatro anos tendo a responsabilidade de fazer a coluna "Mr. Wine", organizar e publicar todas as degustações mensais da revista e fazer as matérias das viagens para as quais sou convidado, que chegam a ser aproximadamente entre cinco e sete por ano, nada mal!

Claro que, com tantas viagens, a parte artística sofreu um pouco, mas ainda assim continuo com uma razoável produção de quadros dentro da nova técnica de marchetaria com mosaico.

Bem, este foi um pequeno resumo de como minha profissão andou junto com meus *hobbies*, que acabaram por sua vez se tornando profissão.

Meus anos têm passado muito rapidamente, talvez pelo excesso de atividades que tentarei transmitir a vocês de forma reduzida:

› De segunda a quinta-feira tenho atividades de vinho com almoços e jantares de apresentação de novos vinhos, em média cinco atividades por semana;

› Diariamente escrevo sobre vinho ou para a *Go'Where Vinhos*, *Go'Where Gastronomia*, jornal *Vinho&Cia* ou para meu blog, Tommasi no Vinho;

› Três dias por semana faço exercícios físicos por uma hora ou mais;

› Uma vez por semana, como participo de cinco confrarias, dedico a essas reuniões de amigos, o resto do tempo faço meus quadros, assisto televisão ou leio.

Meus finais de semana são dedicados à família e aos amigos íntimos com jantares ou almoços que, às vezes, são em casa quando me arrisco na cozinha – desde que a Liliana me permita. Cinema, teatro e futebol também fazem parte dessa programação.

Uma vez ao ano, pelo período de um mês, eu e Liliana vamos para os Estados Unidos, especificamente em South Lake Tahoe, onde mora minha filha mais velha, para curtir nossas netinhas Sophia, de 3 anos, e Olivia de 1, verdadeiros tesouros em nossa realidade de vida hoje em dia. Temos o costume de também fazer uma viagem para outros lugares por quinze dias mais para o final de ano. Pronto, esta é minha vida!

Meus conselhos e minha teoria de como ter uma boa aposentadoria:

1. Poupe, as carreiras estão cada vez mais curtas e competitivas – Muita gente vive com o que ganha seja lá qual for o montante, isso é valido para seus primeiros anos de trabalho, quando você ainda curte os momentos de independência. Nosso tempo de validade no trabalho é cada vez mais curto, e a competitividade nas empresas é cada vez maior. Acostume-se a fazer reservas financeiras, elas servirão para diversos objetivos maiores, como o primeiro carro, a primeira casa e definitivamente um tempo seguro quando você se aposentar, pois os planos de aposentadoria governamentais não são suficientes para levar a vida dentro do padrão em que você está acostumado, e um plano de previdência privada pode ser a solução.

2. Não confunda seu sobrenome com o da companhia onde você trabalha – Muito executivo acredita piamente que todas as pessoas com quem se relaciona o fazem por ele ser uma pessoa especial, um chefe exemplar, uma pessoa admirável. Acorde sonhador, quando você perder o emprego, vai lhe surpreender como este grupo de pessoas é restrito e normalmente está fora do seu círculo de amizades do trabalho.

3. Aceite mudanças como parte de sua vida, nesses momentos aparecem oportunidades – Muita gente teme sair da zona de conforto, mas cada vez mais a aceitação das mudanças tem que ser encarada como uma habilidade profissional. As oportunidades de crescimento normalmente são encontradas nestes momentos nos quais muitos temem sair de seus confortáveis empregos. Garanto a vocês que os poucos que se arriscam certamente serão os que ganharão profissionalmente. Em minha vida profissional, diria que 80% das oportunidades de crescimento vieram de mudanças estruturais ou por aceitar desafios que outros consideravam perigosos.

4. Felicidade está no que você gosta de fazer e não no alto preço – Conforme você progride, tem mais acesso a coisas mais caras e sofisticadas, e voltar para trás é muito difícil. Cuidado, esta é uma das armadilhas mais comuns da vida. Para exemplificar, posso citar a frequência a

restaurantes: será que é sensacional frequentar o restaurante da moda? Por que você está fazendo isso? Pela qualidade da comida, ou para dizer que foi naquele específico restaurante? Posso lhe garantir que fazer uma boa macarronada em casa com os amigos pode ser muito mais alegre e compensatório. Pense nisso, e use o mesmo raciocínio para outras coisas como carro, roupas etc.

5. Nunca se considere melhor do que os outros – Quando crescemos na carreira, nos sentimos cada vez mais poderosos e especiais, pois vemos que, pela nossa capacidade e trabalho, superamos muitos outros profissionais que acabam ficando pelo caminho. Particularmente, no início da carreira, eu me sentia "o bom", mas depois, com o passar do tempo, você percebe que muitos desses ficaram pelo caminho não pela "falta" de capacidade, mas por outros fatores extraprofissionais, como sorte, estar no lugar certo no momento certo, simpatia, falta de tempo ou não compreensão de seus projetos etc. Assisti a muitas viradas de carreira em meu tempo de multinacional, comigo certamente isso ocorreu pelo menos em duas ocasiões. Somos todos seres humanos com qualidades e defeitos, mas diferentes em objetivos e gostos, portanto nunca se ache melhor que os outros.

6. Em qualquer assunto, é melhor discutir antes do que depois – Uma das coisas que mais me ajudaram nesta longa carreira foi formalizar e documentar todos os acordos que fiz. Esta formalização ajuda a mantermos o foco e balizar nossos acordos. Vi muitas coisas serem acordadas verbalmente entre duas pessoas e, de repente, uma sai, não transmite ao sucessor o que foi acordado e, finalmente, por mal entendimento do assunto, acaba gerando dificuldades profissionais ao que fica. Documentar não custa nada e ajuda muito.

7. Tenha sempre um *hobby* – Ele não é perda de tempo, mas sim uma porta para o futuro. Este é um assunto que gostaria de dedicar mais tempo, pois foi algo fundamental para mim, e que realmente vai fazer a diferença quando você se aposentar: tenha um *hobby*. Primeiro, tem

que ser algo que você realmente goste ou gostaria de fazer, levando em consideração que cada um tem seu estilo de vida e gosto, logo os *hobbies* serão diferentes para cada pessoa: fazer jardinagem, criar passarinhos, colecionar moedas, fazer marcenaria, tocar um instrumento, estudar astrologia, construir casas, enfim, escolha o seu. O importante é que você comece o mais cedo possível e que participe de algum grupo relacionado ao seu interesse, pois isto trará amigos com desejos comuns. Não deixe seu *hobby* para ser feito apenas quando você não tiver nada mais a fazer. Dedique um certo tempo por dia, por semana ou por mês para praticar seu sonho. Divulgue o que você faz, faça um blog, um site, poste no Facebook, fale com os amigos.

8. Busque a diferenciação – O sucesso está sempre ligado ao novo, ao diferente, tente sempre inovar ou explorar algo que pouca gente faz. Particularmente, na arte, eu costumo mudar de técnica e de tema a cada dez anos. A mudança, respirar novos ares, sempre me traz muita satisfação e maior vontade em atingir os objetivos. No vinho, sempre busco estudar e provar vinhos com origens, estilos ou variáveis diferentes. Vamos lá, mãos à obra!

9. Não seja extremista em nada que você faz – Separe um tempo para tudo o que é importante. Sempre tive foco nas coisas que me propus a fazer, mas nunca virei escravo nem de meus prazeres. Acho que na vida temos que ter diversas atividades, pois quando uma não vai bem, a outra certamente te ajudará. Escolha no que você vai querer aproveitar o seu tempo por grandes temas. No meu caso família, arte, vinho e lazer foram meus escolhidos. Desta forma consigo equilibrar o tempo e dar a devida atenção àquilo que acho importante.

10. Família sempre em primeiro lugar – Você vai perceber que na vida o núcleo familiar é a coisa mais importante, essas são as pessoas que sempre estarão ao seu lado em todos os momentos, dê preferência a elas, você não vai se arrepender. Muitos amigos também entram neste núcleo.

11. Aprenda com os erros e curta os sucessos – Outro grande aprendizado da vida é o que extraímos de nossos erros e acertos. Os acertos e sucessos devem ser comemorados ao máximo, afinal de contas eles te trazem alegrias, massageiam o ego, dão razão para viver. Mas não se abata com os erros ou problemas, lembre-se de que eles fazem parte da vida e irão ocorrer com todos, a diferença está na maneira de enfrentá-los. Errar é humano, repetir o erro é burrice.

Bem, eu sei que resumir as experiências de uma vida em algumas páginas não é muito fácil, mas tentei ser objetivo sem perder tempo "enchendo linguiça". Quero terminar este relato dizendo que a aposentadoria para mim tem sido até melhor do que planejei, tem me proporcionado os melhores dias de minha vida.

Muitos podem dizer que isso foi sorte, e eu tendo a concordar em parte, mas não totalmente. Precisamos sempre dar uma mãozinha à sorte para que ela nos ajude, no sentido de planejar as coisas e nunca deixar a carreira profissional tomar totalmente a nossa existência, pois, se isso ocorrer, quando esse período terminar, a dificuldade em começar algo novo será muito maior.

Lembre-se: o mundo não foi feito em um dia, visualize o que você pretende de seu futuro e pouco a pouco plante suas sementes, siga as regras da natureza. Cuide de sua aposentadoria como se fosse uma planta, trate dela enquanto ganha corpo e colha os seus frutos quando for o tempo certo. Desejo a todos uma boa colheita.

Viva a vida!

Escola da vida:
Educação permanente

– Mestre, como faço para me tornar um sábio?

– Boas escolhas.

– Mas como fazer boas escolhas?

– Experiência – diz o mestre.

– E como adquirir experiência, mestre?

– Más escolhas.

Blog do Teosofista, publicado em 5/10/2010

Se há toda uma preocupação, legítima, em equipar os jovens para ingressar no mundo do trabalho e vencer no mercado profissional, por que não os preparar para a arte de bem envelhecer?

Eduardo Giannetti

Ao longo de seminários, palestras e atividades de consultoria, temos dito sempre que ainda não inventaram melhor escola do que a da vida. No decorrer dela aprendemos que nossas escolhas sempre têm e terão ônus e bônus, e somente nossa experiência, baseada em nossos acertos e erros, sucessos e fracassos, é que nos concederá aprendizado para que nos aprimoremos para bem viver.

Primeiro, a escola da vida não dá férias, o que muitas vezes cria em nós a ilusão de que existe um momento da vida em que paramos de aprender ou, pior ainda, que tirar férias é algo dissociado do processo de aprendizagem. Segundo, a escola da vida não dá diploma. Este documento, uma das maiores ilusões da escola convencional, fornece ao aluno a ilusão de que ele já aprendeu tudo de que necessitava e que agora pode parar de aprender.

São os diplomas, famosos títulos, que nos rodeiam e nos conferem "marcas", criando o fenômeno do *branding* estampado no ser humano. É como se fosse necessário , para nossa construção individual, incluí-los ao nosso currículo de vida. O que deve nos importar é o que apreendemos do conhecimento disponível que estamos buscando e não apenas qual o título que ele nos conferirá.

Edgar Morin (1999, p. 77) faz esse questionamento sobre a educação formal em seu livro *Os sete saberes necessários à educação do futuro*, e diz:

> É necessário aprender a estar aqui no planeta. Aprender a estar aqui significa: aprender a viver, a dividir, a comunicar, a comungar; é o que se aprende somente nas – e por meio de – culturas singulares. Precisamos doravante aprender a ser, viver, dividir e comunicar como humanos no planeta Terra, não mais somente pertencer a uma cultura, mas também ser terrenos. Devemos nos dedicar não só a dominar, mas a condicionar, melhorar, compreender.

Infelizmente, o ensino das escolas convencionais está tão direcionado ao conteúdo para nos incluir no mundo da alta produtividade e competitividade, que fica difícil para as famílias complementarem essa educação cidadã. O que vemos crescer são seres tecnicamente muito qualificados e despreparados para a vida. Despreparados para extraírem lições de seus erros e acertos e as utilizarem como aprendizado de vida.

Os estudos sobre a importância da educação permanente são relativamente recentes, especialmente no Brasil. Em muitos casos, se constata também que há uma tentativa de vincular esses conceitos e práticas às instituições, o que termina inviabilizando o próprio processo. A verdade é que a educação permanente deve ser uma responsabilidade individual decorrente da própria postura que cada indivíduo tem em relação a se apropriar da sua vida. À medida que ela é institucionalizada, ou estruturada em função dos outros, perde o seu sentido ativo e passa para uma posição passiva.

Uma antiga história judaica fala de um homem que saiu para uma caminhada na floresta e se perdeu. Andou horas e horas, tentando vários caminhos, mas nenhum deles o levava à saída. De repente, encontrou outro homem. "Graças a Deus, outro ser humano! Você pode me mostrar o caminho de volta à cidade?", gritou. O outro homem respondeu: "Não. Também estou perdido. Mas podemos ajudar um ao outro. Cada um pode dizer ao outro os rumos que já tentou e que não deram resultado. Isso nos ajudará a encontrar o caminho certo".

Essa pequena história mostra que, embora a experiência do outro possa ser importante para mim, eu só conseguirei aproveitá-la a partir da minha própria postura em relação à vida, à proporção que tenho interesse e disposição para continuar aprendendo.

O indivíduo com disposição para viver situações novas e originais está motivado a buscar os conteúdos e instrumentos para aprender e para expressar todo o potencial criativo que lhe dá possibilidades de sentir, ver e ouvir.

É neste sentido que Paulo Freire traz como conceito fundamental para a compreensão do mundo a consciência de si como ser inacabado:

> Para mulheres e homens, estar no mundo necessariamente significa estar com o mundo e com os outros. Estar no mundo sem fazer história, sem por ela ser feito, sem fazer cultura, sem "tratar" sua

própria presença no mundo, sem cantar, sem sonhar, sem musicar, sem pintar, sem cuidar da terra, das águas, sem usar as mãos, sem esculpir, sem filosofar, sem pontos de vista sobre o mundo, sem fazer ciência, ou teologia, sem assombro em face do mistério, sem aprender, sem ensinar, sem ideias de formação, sem politizar... **não é possível** (FREIRE, 2011, p. 57).

A educação permanente é um processo de envolvimento e comprometimento nas decisões dos diversos setores da vida social, política e cultural. A participação política que foi radicalmente reduzida nos últimos anos em nosso país tem grande responsabilidade sobre a incapacidade de muitos adultos não terem condições de prosseguir no seu processo de educação para a vida.

Lutar pela melhor qualidade e distribuição igualitária do ensino da arte, da ciência e da filosofia é lutar por uma participação plena que resgate o conceito de cidadania.

Durante o período em que o sistema de governo, meios de comunicação e escolas se abstiveram desta responsabilidade, este papel foi assumido por algumas associações, sindicatos e entidades que resistiram às pressões.

A sociedade brasileira já paga um preço muito alto e as próximas gerações ainda o pagarão por não termos devolvido à educação o espaço tão significativo que ela ocupa na vida e no crescimento dos indivíduos. Eduardo Giannetti, em uma entrevista concedida à Marília Gabriela, traz considerações sobre as desigualdades no Brasil que necessariamente precisam ser refletidas:

Nós somos um país em que as condições iniciais em que as pessoas começam sua vida e vêm ao mundo são absurdamente desiguais, a condição social em que a criança vem ao mundo é quase que determinante do tipo de vida que ela vai ter para o resto da vida, e isso nós temos que corrigir. Tem uma descoberta recente sobre saneamento básico, que é uma coisa impressionante, isso deveria estar no centro de um projeto futuro de Brasil. Uma criança de zero a dois anos consome 87% de energia metabólica para a constituição do cérebro. Se essa criança pega uma doença forte, crônica, um parasita, ou tem uma diarreia muito forte neste período crítico da formação do cérebro, isso compromete a formação neural para o resto da vida. Porque ele vem com um cérebro muito informe, é um ser humano assim, e essa doença bem no início da trajetória, ela é comprometedora. É gente que vai começar o ensino fundamental e vai repetir o primeiro ano muitas vezes, porque não consegue aprender. Um país que metade dos domicílios não tem saneamento básico está condenando uma proporção gigantesca de crianças a doenças crônicas e parasitas e diarreias que vão comprometer a sua capacidade cognitiva para o resto da vida. E nós não estamos sabendo resolver isso no século XXI. Nós chegamos ao século XXI sem ter conseguido resolver um problema de agenda do século XIX, que é coleta de esgoto. E o país quer fazer estádios, quer fazer trem-bala e quer continuar vivendo miseravelmente.[8]

Encarar essas realidades e realmente lutar para corrigi-las deve fazer parte de nossas agendas, porque não conseguimos pensar em um país no qual a educação convencional e, como consequência, permanente, é um privilégio daqueles que, conforme diz Giannetti, nascem na condição social de tê-la. A desigualdade é uma questão que hoje vem sendo tratada por pensadores contemporâneos: sociólogos, filósofos, economistas, entre outros, como um dos grandes malefícios que a humanidade enfrenta atualmente.

---

[8] Disponível em: <http://www.socialfly.com.br/videos/11-este-homem-resolve-deixar-a-baboseira-de-lado-e-resume-o-maior-do-problema-do-brasil-em-2-minutos#>. Acesso em: 16 mai. 2016.

Ettore Gelpi, em seu trabalho sobre lazer e educação permanente, reforça que do ponto de vista estrutural a educação permanente pode ser encarada como sendo um conceito global de educação, relativo a políticas e a atividades educativas que atendem tanto aos objetivos de um indivíduo como aos de grupos sociais ou de uma sociedade em seu conjunto.

São componentes desse processo a divisão internacional do trabalho, a generalização do fenômeno de migração regional ou internacional, o governo dos povos marcados por fortes dinâmicas demográficas, positivas ou negativas, a luta pela transformação da organização do trabalho, o aumento das normas repressivas em um certo número de sociedades, a progressiva conscientização da população no que toca os seus direitos, os problemas de identidade cultural, os novos comportamentos culturais, a importância cada vez maior da comunicação na política e nas atividades educativas.

A educação é fundamental para o nosso desenvolvimento como seres humanos. Despertar o pensamento crítico é essencial para nossa construção individual, para entendermos nossos papéis e, principalmente, um grande instrumento que nos servirá para enfrentar os desafios propostos nas construções de nossos projetos de vida.

> Provocações para refletir

A IMPORTÂNCIA DA BUSCA DE NOVOS SENTIDOS QUE NOS RESIGNIFICAM AO LONGO DA VIDA

Embora as questões e o caráter financeiro e de cuidados com a saúde já façam parte de muitos conteúdos abordados na temática da longevidade, e de forma especial na orientação das pessoas que estão próximas da aposentadoria, nossa experiência indica que a abordagem do tema deve ser bem mais ampla.

Os cuidados em assegurar uma reserva que possa manter o padrão de vida no envelhecimento, da mesma forma que ter uma conduta preventiva em relação à saúde, tanto física como mental, estão também abordados neste livro.

Mas esta provocação está mais dirigida a um tema que muito pouco, ou quase nada, tem sido trabalhado no processo do envelhecimento. Nos referimos à necessidade e à importância de encontrar novos sentidos para uma existência mais longa. Ou seja, a questão essencial não é apenas viver por mais tempo, mas sim viver com qualidade, tanto interior como exteriormente.

Este conjunto de desafios vai exigir que cada um se reinvente muito mais vezes ao longo da vida, questões para as quais não somos preparados desde a infância, e muito menos na fase adulta ou na meia-idade.

Os modelos que nos educavam quase exclusivamente para a busca de uma estabilidade no mundo profissional, bem como também nos demais papéis de caráter pessoal, têm se mostrado inadequados para estes novos paradoxos. E, em alguns casos, podem até se tornar empecilhos para eventuais mudanças, ou reformulação, dos projetos de vida.

Esta dificuldade é ainda maior para pessoas que conquistaram, ou estão em posições de poder, destaque, reconhecimento e admiração.

E que, de alguma forma, se tornaram personagens, uma referência para os demais, ou até mesmo chegam a provocar – ou são motivo – de inveja.

Uma obra que retrata, de uma forma muito realista, esta dificuldade em lidar com o ostracismo ou a capacidade de se reinventar, é de autoria de Michel Ragon, sob o título *Eles se acreditavam ilustres e imortais...* Nela estão registradas histórias de finais de vida muito degradantes de figuras conhecidas como Charlie Chaplin, Le Corbusier, Françoise Sagan e outros tantos.

É possível constatar, tanto no Brasil como no universo mundial, a decadência de muitas pessoas que se destacaram em diferentes áreas de atuação. Seja nos esportes, mundo artístico, política, ciências etc., há grande dificuldade em lidar com o ostracismo e a decadência, seja ela física ou psicológica.

O envelhecimento, bem como a finitude da vida, tem provocado muitas pessoas a buscarem meios para prolongá-la.

Um exemplo recente é o artigo publicado pelo jornal *O Estado de São Paulo*, em sua edição de 7 de maio de 2016, na página B8, sob o título "Uma ideia na cabeça e o bolso cheio de dinheiro", que fala dos multimilionários que estão investindo em pesquisas para obter a vida eterna. Neste artigo, o autor aponta:

> Os magnatas têm particular entusiasmo por projetos que pretendem ludibriar a morte. Peter Thiel, um dos fundadores do PayPal, proclama: "A grande tarefa inconclusa da modernidade é fazer com que a morte deixe de ser vista como um dado de realidade e passe a ser encarada como um problema a ser resolvido".

E prossegue o artigo mencionado com declarações de Larry Ellison, presidente da Oracle, afirmando que "para mim, a morte nunca fez sentido. Como é que a pessoa pode estar aqui e, de uma hora para outra, desaparecer?"

Vale registrar que ambos os empresários vêm realizando investimentos em diversos projetos que buscam reverter o processo de envelhecimento. Toda esta discussão sobre o prolongamento da vida exige também rever a forma como a morte é encarada em nossa cultura e realidade.

Uma declaração digna de nota é a de Steve Jobs (1955-2011) quando convidado para ser paraninfo de uma turma do curso de Administração da Universidade Stanford, no dia 12 de junho de 2005, e já com os sintomas de um processo de câncer terminal, declarou que "a morte é, muito provavelmente, a principal invenção da vida, pois ela é o verdadeiro agente da mudança".

É evidente que com o corpo e a mente saudáveis, outras questões terão que ser enfrentadas nos relacionamentos, trabalho, finanças, autonomia e na busca de uma vida com sentido.

A grande questão dos desafios da longevidade não deve estar apoiada, exclusivamente, na forma como encaramos a morte. Mas exige alguns encaminhamentos de maneira muito prática, que também considere as questões éticas e existenciais. Ou seja, como conseguimos dar novos sentidos a uma vida mais longa.

Estudos demonstram que o retreinamento para uma aposentadoria produtiva permite tornar a longevidade um fator de enriquecimento não apenas para as pessoas, mas também para os países.

Importa registrar que esta não é uma questão que se resolve apenas com novas políticas sociais. É missão de cada ser humano assumir a sua responsabilidade pela construção da sua história, biografia e destino, evitando, assim, passar o tempo de sua vida culpando os outros.

Experiências de vida

Mulher, brasileira, atriz da própria vida

Vera Lúcia Perez

Eu sou apenas um lápis nas mãos de Deus,
é Ele quem me escreve.

Madre Teresa

A vida trazida para estas páginas não é uma confissão pessoal, é um mergulho nos altos e baixos da alma. Mais que um depoimento, é um experimento que me permite reexaminar a vida vivida e perguntar: "Quem sou?", "Para onde estou indo?" e "Para onde quero ir?". E os afins: "O que quero ser?" e os meios "O que posso ser?".

Ao atirar-me num mergulho no tempo e olhar para trás, subjetivamente começam a surgir indícios das armadilhas identitárias da incursão que fiz, durante trinta anos de minha primeira vida adulta a quatro mundos diferentes: mundo corporativo, serviço público, área diplomática e área política.

Uma provocação para reflexão sobre identidade corporativa, pertencimento e um sinal de alerta sobre os riscos inerentes ao mundo corporativo que podem aprisionar de tal forma uma pessoa a ponto de ela não conseguir reagir a tempo e dizer a frase: "Quero ser enterrado com o uniforme da empresa".

"Todo mundo tenta fazer de sua vida uma obra de arte." Essa obra de arte que queremos moldar a partir do estofo quebradiço da vida chama-se "identidade" (BAUMAN, 2001, p. 97), mas "o verdadeiro problema e atualmente a maior preocupação é a incerteza oposta: qual identidade escolher e [...] por quanto tempo se apegar a ela?" (BAUMAN, 2005, p. 91).

Nesse emaranhado inseguro e imprevisível das redes da era líquido-moderna, e já dentro do olho do furacão do fenômeno da longevidade, faço meu depoimento como se usasse um prisma com ângulos de luz sobre várias partes da minha história, com fragilidades, erros, acertos, sonhos e retiradas de projeções. Ao longo da leitura, discordaremos em alguns pontos e talvez nos identifiquemos em outros momentos da história. Mas após essa longa jornada, ao contrário de um *grand finale*, sinto que é possível o começo de um novo ciclo: "Será uma nova vida que emerge desse choque predeterminado, dessa morte-renascimento. Somos convidados a recobrar a própria vida, a vivê-la mais conscientemente, a extrair da desgraça um significado" (HOLLIS, 1995, p. 24).

Em respeito àqueles que participaram da minha história de vida, mas que já não estão entre nós, preservo alguns nomes e instituições públicas e privadas.

Na primeira identidade (até os 12 anos)

Na primeira identidade, a infância, o eixo atuante é o relacionamento entre os pais e a criança.

Hollis

É humano que nossas lembranças nos remetam em primeiro lugar à infância. A memória sensitiva nos traz até os aromas. Quem não se recorda do cheirinho delicioso do guardanapo xadrez em que levávamos nosso lanche para a escola? E aquele inesquecível perfume da "dama da noite" no jardim de entrada da casa? Assim como os aromas, a memória sensitiva traz dos meus primeiros anos de vida o sentimento da existência de um imenso amor que me envolvia e supria.

Talvez um amparo divino, como se a natureza e a espiritualidade tivessem conspirado através da inocência para atenuar a ausência de minha mãe. Essa realidade irreversível tornou-se inerente ao meu eu como única forma de vida. Aí começa minha busca identitária. Como diria Bauman (2005, p. 20), "o preço a ser pago é a aceitação de que em lugar algum se vai estar total e plenamente em casa".

Minha mãe, Marianna Gomes de Azevedo, morreu jovem, dezoito meses após o meu nascimento, de uma doença tardiamente diagnosticada pelos médicos do Hospital das Clínicas de São Paulo. A intensidade do amor que ela me transmitiu nesse curto espaço de tempo em que me amamentou e a genética, com certeza, formaram o esplêndido berço que delineou meu caráter para a vida.

Após a morte dela, Ângelo Perez, meu querido pai, filho mais novo de uma numerosa família de europeus, imigrante espanhol, do ramo da construção civil, um Don Juan de Molière, deixou-me aos cuidados de sua irmã viúva e partiu.

Morávamos em uma casa classe média, com um grande alpendre em típicos ladrilhos hidráulicos branco e vinho, na Vila Zelina, em São Paulo, bairro onde predominavam nessa década imigrantes europeus, especialmente católicos lituanos. Quando meu pai retornou, em 1953, após mais de três anos, estava muito doente. Com 40 anos, bonito, alto, pele muito clara e cabelos encaracolados, chegou fraco, magérrimo, logo foi levado para o Hospital do Câncer, de onde não voltou.

Cerca de trinta dias após, numa gélida manhã da São Paulo da garoa, eu com pouco mais de 5 anos, segui em silêncio com minha tia, em meio à neblina, rumo à igreja onde haveria a missa de sétimo dia da morte de meu pai. Quando o ritual acabou, ela levando-me pela mão, cruzei a porta de saída da igreja. Lembro da lufada de vento gelado batendo no meu rosto, a dor da perda e o despertar para a dura realidade: só existiria eu para cuidar de mim.

É nesse momento que minha história de vida vivida começa:

> Nada é seguro e sólido. Todas as coisas são líquidas e se movem com fluidez por entre os dedos da mão. Não há uma identidade em si. Haveria [...] apenas um horizonte, ou melhor, uma direção que mesmo assim se configura não como um caminho, mas como um movimento em direção a alguma coisa indeterminada.[9]

---

[9] Amael Oliveira, em texto com nome Identidade de Zygmunt Bauman, publicado na revista eletrônica Linguasagem do Departamento de Letras da Universidade São Carlos. Disponível em: <http://www.letras.ufscar.br/linguasagem/edicao19/resenhas/resenha_002.pdf>. Acesso em: 8 jul. 2016.

Olho-me no tempo e percebo minha primeira reinvenção: não tinha brinquedos, e meu Lego eram caixinhas de fósforo que eu transformava em casinhas, montava e desmontava e as colocava em forma de vila. Os palitinhos eram meus pais e eu, entrando e saindo da nossa casinha. Conversava com os palitinhos como se fossem reais. Para enganar a solidão, reconstituía a minha família que a fatalidade levara. Pois, "ao contrário do jogo comprado em uma loja de brinquedos, o quebra-cabeça da identidade só pode ser compreendido, se entendido como incompleto" (OLIVEIRA, 2012, pp. 3-4) "ao qual faltem muitas peças (e jamais se saberá quantas)" (BAUMAN, 2005, p. 54). Cursei o ensino básico aos cuidados das freiras Franciscanas de Pittsburg, ligadas à Escola Nossa Senhora do Carmo, que haviam chegado em missão especial para apoiar famílias de imigrantes europeus que, como a minha, tinha se fixado naquele bairro.

Aos 11 anos, quando terminei a quinta série, deveria pela cronologia seguir no ensino fundamental e aos 18 ingressar na universidade e ser advogada como já anunciava. Porém, vivendo com uma tia idosa e já com poucos recursos, era evidente que eu precisava urgentemente trabalhar. Como a maioria das crianças, habitava um pequeno mundo, sem tecnologia, onde a informação não me alcançava.

Instintivamente, criei mais uma estratégia de defesa para resolver o problema, sem abandonar meus sonhos de criança, mas somente adiá-los. Um dia saí para comprar pão, entrei assustada e tímida num escritório de contabilidade que ficava próximo a minha casa e pedi ao dono um emprego. Falei que tinha 11 anos e só a quinta série, mas se me deixasse usar as máquinas de datilografia iria aprender rápido e poderia ajudá-lo nos serviços do escritório. Ele e a esposa pediram autorização formal de minha tia e passaram a dar-me treinamento diário no escritório. Antes dos 12 anos, já tinha noções de tarefas básicas burocráticas. Conservo deles lembrança doce e grata.

A criança observa os comportamentos das lutas do adulto com a vida e interioriza não apenas esses comportamentos, mas também as atitudes que eles sugerem a respeito do eu e do mundo. Por conseguinte, tira grandes conclusões a respeito de como lidar com o mundo.

Aquilo que podemos chamar de personalidade provisória é uma série de estratégias escolhidas pela frágil criança para lidar com a angústia existencial. Esses comportamentos e atitudes são tipicamente agregados antes dos cinco anos de idade e são elaborados dentro de um surpreendente leque de variações estratégicas com um motivo comum – a autoproteção (HOLLIS, 1995, p. 15).

SEGUNDA IDENTIDADE – PRIMEIRA IDADE ADULTA
(12 AOS 40 ANOS)

O eixo se encontra entre o ego e o mundo. [...] O ego, o ser consciente da pessoa, luta para se projetar no mundo e criar um mundo dentro do mundo.

James Hollis

Em continuidade à minha batalha, com 12 anos procurei por novas freiras Franciscanas de Pittsburg, irmãs Maria Clara e Maria Eugênia, falei sobre minha situação familiar e premência. Psicopedagogas, dóceis e sensíveis, acalmaram minha alma, deram-me uma bolsa de estudos para um curso intensivo profissionalizante de secretariado que estavam iniciando, acompanharam-me com dedicação durante três anos e, ao final de 1963, aos 15 anos, concluí o curso.

Não levei apenas o diploma, o conhecimento e a prática da matéria. Levei para a vida uma bagagem de generosidade e tudo de inato que, com sabedoria, elas despertaram em mim: autodesenvolvimento, o significado de respeito, polidez, ética, forte autoestima, perspicácia, cultura, entusiasmo pelas artes e pela música e muito senso de humor para enfrentar as novas dificuldades da vida. Mais que tudo, trouxeram à tona uma altivez de berço que nunca mais me abandonou, me protegeu e abriu meus caminhos. A esses anjos que, pelas mãos de Deus, vieram ao meu encontro, amorosas, lindas, cultas e cheias de luz, meu eterno respeito, carinho e saudade.

Meu segundo obstáculo para conseguir um emprego foi a pouca idade, mas antes de completar 16 anos fui admitida como secretária júnior numa grande instituição financeira, que mais tarde se tornou um dos maiores grupos empresariais do país. Passei a trabalhar num prédio imponente no centro da cidade, próximo à Praça Antônio Prado, sede do banco e de outras empresas do conglomerado. A minha reinvenção, portanto, foi um sucesso e me levou rapidamente a cair de paraquedas no âmago do mundo financeiro de São Paulo, onde as melhores oportunidades e os grandes negócios nessa época fervilhavam.

Para não perder o foco dos meus objetivos, depois que comecei a trabalhar, continuei fazendo vários cursos de idiomas, técnicos complementares e o supletivo do primeiro e segundo graus, rumo ao adiado sonho da universidade. (Faço um intervalo de avanço no tempo para dizer que em 1983 ingressei na Faculdade de Administração, e de 1998 a 2003 cursei e concluí a sonhada Faculdade de Direito, então com 55 anos).

O relato dessas particularidades que ao primeiro olhar pode parecer excessivo, foi proposital para criar um link na questão da velhice e do abatimento que atinge uma grande maioria de homens e mulheres com mais de 60 anos e ativos.

A pergunta é: se a criança órfã, desprotegida e frágil fisicamente é capaz de reinventar-se e sobreviver na infância, por que aqueles que já atingiram a terceira idade adulta com condições de autonomia, proatividade e com o patrimônio de experiência que acumularam ao longo de sua história, muitas vezes se encolhem, se isolam e se intimidam frente à nova expectativa de vida? Será que a invisibilidade, a alienação parental, o preconceito e a chacota dos risos dos equivocados atores sociais contra a figura envelhecida são sem dúvida os fatores cruéis para o engessamento que os leva a recolherem-se intimidados para a vida? Por que a maioria desses atores sociais insiste em ignorar que essa figura envelhecida que hoje eles fazem "invisível", nada mais é do que eles próprios e seus filhos no espelho da longevidade no amanhã? O que podemos fazer por nós mesmos, atuais ou futuros longevos proativos, para, tomando o exemplo da criança, não sucumbir a essa pressão?

> Sou eu próprio uma questão colocada ao mundo e devo fornecer minha resposta, caso contrário, estarei reduzido à resposta que o mundo me der.
>
> Jung[10]

Após essa introdução às raízes da minha história, entro agora no eixo fundamental da questão "Quem sou?", buscando primeiro "Quem fui", abrangendo a fase da minha primeira vida adulta, 46 anos de vida e trinta de atividade profissional formal, de 1964 a 1994, e o quanto a inserção nos quatro diferentes mundos do trabalho, aos quais me referi no preâmbulo deste depoimento, influenciaram e atacaram minhas mudanças de identidade e consciência equivocada de pertencimento. E o principal: o quanto essa dinâmica de incursão dificultou apropriar-me das rédeas da minha própria história de vida que, por princípio, é indelegável.

A propósito, antes de iniciar a incursão:

> Admitindo-se a oportunidade de um período de vida completo, passamos por uma série de diferentes identidades. Faz parte do projeto natural do ego administrar a ansiedade existencial da pessoa, estabilizando o mais possível a vida. Mas a natureza da vida claramente presume e exige a mudança. Esses eixos em transformação delineiam os altos e baixos da alma (HOLLIS, 1995, p. 31).

---

[10] Disponível em: <https://pt.wikiquote.org/wiki/Carl_Gustav_Jung>. Acesso em: 23 mai. 2016.

Ao atravessar a **primeira porta do mundo corporativo**, apresento como figura participante da minha história uma pessoa que em seguida se juntará à trama. Uma personalidade forte, marcante, ao mesmo tempo gênio e trator, meigo e cruel, insensível e amante das artes. A racionalidade, sua maior qualidade como administrador, era seu maior defeito como ser humano. Era de uma superioridade intimidativa, e aos seus "olhos de lince" quase nada escapava. Um grande descentralizador gerava em torno de si, de tudo e de todos uma dinâmica que o transformava numa verdadeira fábrica de fazer dinheiro infinitamente. Era o representante máximo do poder corporativo daquele grande conglomerado.

Logo após eu completar 18 anos de idade, certo dia, durante o expediente no meu setor, avisaram que o presidente do banco estava me chamando em sua sala. Surpresa, achei que era uma brincadeira, mas peguei o caderninho e lápis e lá fui eu, subindo as escadas correndo.

Quase ofegante, em minutos estava à sua frente. Sem me olhar, nem me dirigir uma palavra, acenou com a mão apontando uma cadeira e, antes que entendesse o que estava acontecendo, disparou a ditar em grande velocidade uma norma interna altamente técnica. Foi meu primeiro contato, mas, após esse dia, me ordenou outros inúmeros trabalhos. Sua postura de arrogante superioridade foi a minha primeira apresentação formal ao mundo corporativo.

Transferiu-me depois de algum tempo para o Órgão Secretaria da Presidência, como sua secretária executiva para assuntos empresariais e particulares. Esse homem passou a ser o meu superior direto no mundo corporativo e assim o foi por quase trinta anos. Em minha história escrita, decidi denominá-lo como "meu superior".

Casei aos 21 anos de idade e em 1970 tive meu primeiro filho, Djalma. Em 1976 nasceu minha filha Fernanda. Meus filhos foram e serão sempre minha maior vitória. Por eles a minha vida valeu e vale a pena e, para eles novamente travaria todas as batalhas e desafios que enfrentei sem esmorecer, salvo que usaria minha sabedoria para defender-me na esfera profissional, preservando meu direito à identidade e à liberdade. Meu marido morreu em 2007.

Por volta de 1971, aconteciam as grandes fusões no universo bancário. Meu superior comprava um banco após o outro. Em todas as áreas internas "cabeças rolavam", mostrando que o mundo do trabalho para o qual eu entrara revelava faces cruéis do poder. Os anos foram passando, eu não tinha um bom salário, mas tinha um professor magnífico, bastando que eu usasse meu discernimento para captar por assimilação sua doutrina. Como precisava de ambos, resignei-me com o salário e deixei que minha vida seguisse. Não sei que mágica eu fazia, mas o fato é que administrava de tal forma meus escassos recursos que sempre consegui cuidar da minha família e de mim com a maior dignidade.

Após alguns anos, **atravesso a segunda porta a caminho da área pública,** porque meu superior foi convidado pelo governador do estado para assumir o cargo de prefeito da grande metrópole e levou-me consigo para o seu novo gabinete.

Administrar com coragem a cidade e se empenhar arduamente em criar uma estrutura em que a experiência acumulada das administrações anteriores pudesse ser disponibilizada à população de forma eficiente, levou-o a uma carga de trabalho diário para mim assustadora. Embora minha função fosse de um simples anteparo, minha jornada diária para atender às necessidades da função tornou-se desumana.

Por fim, a incomum capacidade administrativa do meu superior na área pública e a inabalável integridade moral pessoal e política, ao término da gestão, o fizeram o melhor prefeito que a cidade já teve.

Os quatro anos que ali permaneci fizeram-me crescer como profissional, porém o choque cultural me desgastou muito como pessoa, mulher e mãe. Posso dizer que foram os piores anos de minha vida adulta. Meu superior nunca soube disso porque não faz parte das políticas do mundo corporativo, e até mesmo das mais festejadas práticas de RH, procurar conhecer a verdadeira formação identitária de seus colaboradores.

> Quando somos arrastados de um eixo para outro independentemente da nossa vontade, pode se seguir a confusão e até mesmo o terror. Mas a natureza da nossa qualidade humana parece obrigar cada um de nós a avançar em direção a um papel cada vez maior no grande drama (HOLLIS, 1995, p. 37).

Terminada a gestão, retornamos ao mundo corporativo.

Meu superior desenvolvia a *holding* com quase fúria. Meu salário continuava incompatível com as crescentes responsabilidades da função, situação que se prorrogou até o final.

Como não podia fraquejar na responsabilidade com meus filhos, coloquei em prática mais uma vez meu plano B, e para não me prejudicar nas obrigações éticas da atividade principal, discretamente, passei a trabalhar com vendas nos finais de semana. A experiência foi boa e tudo que sobrava eu aplicava comprando aos pouquinhos ações de empresas na Bolsa de Valores de São Paulo, ao mesmo tempo que distraía-me com as oscilações do mercado, os balanços das empresas, as aberturas de subscrições, vendia e revendia as mesmas ações até mais de uma vez por semana. Foi uma atividade paralela que, naquele momento, era auspiciosa para ganhar dinheiro nesse mercado

Faço aqui uma pausa na trama para lembrar a importância de educarmos nossos filhos e netos, desde cedo, para o fato de que o indivíduo não vai um dia para o seu escritório, talvez por volta dos 40 anos, senta e inclui na pauta: "a partir de hoje vou fazer um 'pé de meia' para velhice".

Atentos aos prognósticos reais da longevidade, devemos nos habituar que isso terá que fazer parte de nossas dinâmicas de vida, seja no quesito saúde, aumentando nossa qualidade de vida, seja na formação do patrimônio financeiro, independentemente da previdência complementar. Aliás, sonho com o dia em que esse tema fará parte do currículo do ensino no Brasil.

Ainda no sentido de desenvolver minha principal diversão – que sempre foi conciliar a atividade principal com a atividade paralela de ganhar dinheiro – aproximadamente de 1978 a 1989, aí sim, acelerei a fase mais feliz de todas as minhas reinvenções: passei a usar qualquer horinha eventualmente disponível para garimpar casinhas velhas no bairro Itaim Bibi, onde eu morava. Identificava o bom negócio, comprava, financiava, reformava, vendia e lucrava. Assim foi numa média de um imóvel por ano, durante onze anos.

Essa experiência que, na vida prática, por necessidade desenvolvi, nada mais é do que o plantio de uma atividade paralela prazerosa durante a juventude, que mais tarde possa ajudar na decisão de se "desprender das amarras do mercado formal de trabalho, mas isso não nos faz menos produtivos, ou até mesmo contributivos"[11]. Assim é possível também eliminar do vocabulário desde jovem a estranha e obsoleta palavra "aposentadoria".

Atravessei a **terceira porta rumo à área diplomática** quando estava com 37 anos de idade e vinte anos de trabalho. Mais uma vez porque meu superior foi convidado pelo Presidente da República a assumir como chanceler do Brasil o Ministério das Relações Exteriores em Brasília.

A convite dele, mudei-me para Brasília, na condição de assessora particular do gabinete do chanceler. Embora ele não pertencesse aos quadros da diplomacia profissional, ao término de sua permanência sua excelente atuação fez que entrasse com destaque para a história da Casa de Rio Branco.

Foi uma honra e uma rica experiência trabalhar naquela egrégia casa porque me identificava muito com a filosofia que a norteia. No comparativo, evidentemente eram enormes os antagonismos entre o mundo corporativo e o mundo da diplomacia. No mundo corporativo, o eixo é fundamentalmente o dinheiro. Na diplomacia brasileira, como declarou Afonso Arinos de Mello Franco, com sua cultura humanística, "ao contrário de conservadorismo – explicitamente, o Itamaraty é uma casa de tradição".[12]

Para melhor explicar minha identificação, nada poderia ser mais atual e compatível do que a frase do chanceler Azeredo da Silveira, que afirmou em seu discurso de posse, em 1975, que a "melhor tradição do Itamaraty é saber renovar-se".[13]

Assim, muito embora na fluidez da era líquido-moderna, no mundo da diplomacia, com o espírito de tradição e transmissão de valores espirituais através do tempo, foi que "o sonho/projeto de San Thiago Dantas tornou-se missão do

---

[11] Artigo "125 anos de Bismarck e a lei da aposentadoria", de Denise M. Mazzaferro. Disponível em: <http://www.portaldoenvelhecimento.com/carreiras/item/3426-125-anos-de-bismarck-e-a-lei-da-aposentadoria>. Acesso em: 23 mai. 2016.

[12] Mello Franco Filho, 2001, p. 144 (PUC Rio certificação digital nº 0812656/CA).

[13] Ministério das Relações Exteriores discursos - Aula inaugural do Ministro Mauro Vieira no Instituto Rio Branco, Brasília, em 18/01/16. Disponível em: <www.itamaraty.gov.br/index.php?discurso>. Acesso em: 23 mai. 2016.

Itamaraty. Hoje, quando a democracia [...], a sensibilidade social e o sentido de dignidade nacional são as marcas [...], a missão segue válida: contribuir para a construção de um país livre, dinâmico, criativo, com presença ouvida e respeitada no concerto das nações".[14]

Agora atravesso a **quarta porta rumo a um comitê político de campanha para governo de estado** – num de seus impulsos, ele retorna da área diplomática e se lança ao governo do estado. Vou com ele direto de Brasília para a sede do comitê político. A partir daí, o que vi na esfera política até hoje me enoja. A sordidez onde a principal marca é a traição frustrou-me profundamente como cidadã. Ele manteve sua integridade e a partir daí desistiu para sempre da vida pública. No dia em que partimos do comitê, pela primeira vez, em toda essa longa jornada, choramos juntos.

Retornei à vida corporativa e, para fazer face às enormes demandas de trabalho, treinei e formei um grande *pool* de secretárias que passaram a auxiliar-me. Fui promovida a gerente e passei a chefiar essa nova assessoria que se criou na presidência da *holding*.

O conglomerado se expandiu enormemente nesses anos que corriam e além das que já existiam anteriormente foram abertas inúmeras agências e escritórios no exterior, espalhados pela Europa, Oriente, Estados Unidos e América Latina.

Recordo que, num determinado momento em que acenei minha insatisfação salarial, lá pelo final da década de 1980, ele me premiou inserindo meu nome como diretora adjunta da empresa de sua família, juntamente com sua mulher e seus filhos, de forma simbólica, com honorários mensais na época muito inferiores a um salário mínimo. Minha leitura deste gesto de poder: "O prêmio por seu desempenho e dedicação durante tantos anos é escrever seu nome numa folha de papel, em forma de ata, que lhe faça sentir honrada de pertencer ao meu mundo".

---

[14] Amorim, 1997 Ibidem, 1997, p. 19 (PUC Rio certificação digital nº 0812656/CA). Disponível em: <http://www.maxwell.vrac.puc-rio.br/16933/16933_2.PDF>. Acesso em: 23 mai. 2016

Essa é a hora em que **paro numa encruzilhada da vida e olho longamente para a quinta porta**. Se recuar, fico nesse mundo corporativo para sempre. Se eu avançar e tentar cruzar essa quinta porta, talvez não possa voltar. Então opto por um meio-termo e o coloco em ação: no momento em que estava completando trinta anos de trabalho, com ética, profissionalismo, mansidão, respeito e carinho, peço ao meu superior que pensasse em me transferir para um dos escritórios no exterior, ajudando-me, assim, a realizar o sonho de levar meus filhos para viver e estudar fora do Brasil.

Aí acontece o inusitado, e vejo que cometi um dos meus maiores erros de avaliação da mente humana. A reação dele foi insólita, desproporcional e incompatível ao pedido. Foi como seu eu tivesse dito que iria arrancar algo de seu uso pessoal. Foi como se ele reagisse respondendo que não me autorizava a levar embora uma peça do seu registro de imobilizado.

Com a mesma superioridade com que, sem olhar-me apontou-me a cadeira para sentar, quando eu tinha 18 anos, nessa noite, 28 anos depois, com a porta da sala dele e a minha entreaberta, apontou com a mão para minha mesa na sala ao lado e disse contrariado: "Você sabe que o regulamento interno lhe permite que fique aí nessa mesa por mais dez anos! Por que essa invenção agora de querer ser transferida para outro lugar? Não quer mais trabalhar comigo? Para mim está bem como está e você fica aí. Não vou transferi-la!". Respondi: "Pois bem, se você não pode compreender que eu tenho vida própria e se não consegue nem respeitar que eu tenho direito a escolhas, eu não fico!" Ele saiu furioso, foi embora para casa e no dia seguinte não foi trabalhar.

Depois, o tempo me fez superar as dores, e o visitei várias vezes ao longo dos anos que se seguiram após aquela noite. Ele nunca se conformou com minha vontade. Eu o amava e o amo fraternalmente e sempre o respeitei como pessoa com toda minha alma. Após sua morte, que lamento, continua presente em minhas orações.

Independentemente desse carinho, hoje, se alguém me perguntasse como foi naquele momento a dor da descoberta da perda da minha identidade, eu responderia que foi uma dor lancinante.

> Necessidade imperiosa de ir ao inferno e voltar para poder mostrar o caminho de volta àqueles que ficaram perdidos pelo caminho da vida. O tremor que ocorre quando descobrimos que não somos senhores em nossa própria casa (JUNG, 1986).

E, se me perguntassem como vejo, passados todos esses anos, aquela sua reação desproporcional, simbolizando o máximo do poder corporativo com relação ao meu direito indelegável de escrever a minha própria história de vida, responderia com a observação de Nietzsche que ressalta o quão consternados ficam os seres humanos quando descobrem que não são Deus.

Hoje lembro que saí com altivez daquela porta e, a partir de então, tornei-me única dona e senhora de todas as outras portas que abrem e fecham à minha exclusiva vontade, e assim o será enquanto viver.

Tenho orgulho de aos 46 anos de idade ter tido a coragem de arrancar a armadura e ter saído ainda jovem e bela rumo ao meu próprio mundo com direito a minha história de vida e minha liberdade.

A TERCEIRA FASE DA IDENTIDADE — SEGUNDA IDADE ADULTA

> [...] a segunda idade adulta, tem início quando as projeções da pessoa se dissolvem. A sensação de traição, do fracasso das expectativas, o vazio e a perda de significado que ocorrem com essa dissolução, criam a crise da meia-idade. É nessa crise, contudo, que a pessoa tem a oportunidade de tornar-se um indivíduo – além do determinismo dos pais, dos complexos paterno e materno e do condicionamento cultural (HOLLIS, 1995, p. 35).

Concordo perfeitamente com Hollis no que refere: "É nessa crise, contudo, que a pessoa tem a oportunidade de tornar-se um indivíduo" (Ibidem, p. 35). Vejamos. Após deixar a antiga vida corporativa:

128   Denise Mazzaferro ✳ Renato Bernhoeft

› De 1995 a 1998, construí uma casa de alto padrão num dos bairros mais nobres de São Paulo, em um terreno que eu havia adquirido e desmembrado em três lotes quando atuava paralelamente no mercado imobiliário;
› De 1998 a 2003, cursei e concluí a Faculdade de Direito;
› De 2003 a 2008, terminei uma segunda casa de alto padrão no segundo lote disponível, cumulativamente a outras atividades;
› Em 2004, fui convidada a trabalhar num banco estrangeiro, em São Paulo e nele permaneci até o encerramento das suas atividades no Brasil. Aos 60 anos, fui premiada com destaque pelos excelentes resultados que obtive no projeto em que trabalhava. Gostei da filosofia de RH do banco estrangeiro e tive excelente qualidade de vida como funcionária enquanto ele aqui permaneceu;
› Nos últimos anos venho administrando meu patrimônio e locações;
› Pretendo projetar e implantar um pequeno condomínio residencial horizontal, uma espécie de vila italiana, como aquela do meu falso jogo Lego da infância, num polo em desenvolvimento no interior de São Paulo.

E tenho pressa porque, como diz Lewis Carroll (CARROL apud BAUMAN, 2001, p. 64): "Agora, aqui, veja, é preciso correr o máximo que você puder para permanecer no mesmo lugar. Se quiser ir a algum outro lugar, deve correr pelo menos duas vezes mais depressa do que isso!"

Quero dizer também, afetuosa e solidariamente, aos companheiros que como eu continuarão deslizando a passos largos pelas longas caminhadas da vida, que não se iludam:

> Não há ninguém lá fora para nos salvar, tomar conta de nós, curar nossas feridas. Mas existe uma excelente pessoa dentro de nós, alguém que mal conhecemos, e que está pronta e disposta a ser a nossa constante companheira. Somente quando reconhecemos a deflação das esperanças e expectativas da infância e aceitamos a responsabilidade direta de encontrar por nós mesmos o significado (HOLLIS, 1995, p. 47).

da vida é que podemos finalmente mostrar ao mundo que nada nos intimidará e que continuaremos segurando firmes as rédeas de nossa história e acreditando em nossas convicções.

Finalizando, agradeço a Deus pela minha família, pelos meus filhos, nora, netas e netos, enfim todos que a compõe, que são a minha força e o grande foco de luz que brilha na minha vida espiritual.

Passado – presente – futuro: Partes do enigma

Contei meus anos e descobri que terei menos tempo para viver daqui para frente do que já vivi até agora.

Tenho mais passado do que futuro. Sinto-me como aquele menino que ganhou uma bacia de jabuticabas.

As primeiras, ele chupou displicente… mas percebendo que faltam poucas, rói o caroço…

Já não tenho tempo para lidar com mediocridades…

Não quero estar em reuniões onde desfilam egos inflados.

Inquieto-me com invejosos tentando destruir quem eles admiram, cobiçando seus lugares, talentos e sorte.

Já não tenho tempo para conversas intermináveis…

Já não tenho tempo para administrar melindres de pessoas que, apesar da idade cronológica, são imaturas…

Detesto fazer acareação de desafetos que brigaram pelo majestoso cargo de secretário geral do coral…

As pessoas não debatem conteúdos… apenas os rótulos…

Meu tempo tornou-se escasso para debater rótulos…quero a essência… minha alma tem pressa…

Sem muitas jabuticabas na bacia, quero viver ao lado de gente humana, muito humana; que sabe rir de seus tropeços… não se encanta com triunfos…

não se considera eleita antes da hora…

não foge de sua mortalidade…

Caminhar perto de coisas e pessoas de verdade...
O essencial faz a vida valer a pena...
e para mim basta o essencial...

Rubem Alves, O tempo e as jabuticabas

Não há tempo consumido/ Nem tempo a economizar/ O tempo é todo
vestido/ de amor e tempo de amar.

Carlos Drummond de Andrade

Uma das experiências mais ricas que temos desenvolvido nos últimos anos, com diferentes grupos, constata a grande dificuldade que as pessoas têm de viver o presente.

Educados numa sociedade que valoriza pouco o passado – e estou aqui falando da nossa realidade brasileira, não da europeia ou oriental –, podemos observar o quanto nossas escolas, meios de comunicação, museus, literatura, cinema, publicidade etc. cultivam pouco uma visão de compreensão crítica dos acontecimentos e ideias que podem ainda estar influenciando nossas ações culturais.

O que assistimos hoje é uma grande aceleração da "obsolescência programada"[15] dos produtos, e até mesmo das pessoas, na qual exaltamos pouco os atributos presentes. O que valem são as promessas de futuro, sempre de produtos melhores e de seres humanos melhor preparados e qualificados para a execução das tarefas. Nossos objetivos para o futuro têm de ser sempre tão arrojados em tecnologia e design quanto

---

[15] Obsolescência programada (ou planejada) significa reduzir a vida útil de um produto para aumentar o consumo de versões mais recentes. Planejar o envelhecimento de um produto. Essa estratégia aplicada pelas empresas estimula o consumismo através do forte apelo do marketing que induz à compra de modelos modernos e atrativos, e não ao conserto do produto. É uma ação praticada deliberadamente por diversos setores da indústria. Disponível em: <www.significados.com.br>. Acesso em: 23 mai. 2016.

a evolução dos produtos de consumo, é como se tivéssemos a obrigação de acompanhar os lançamentos da Apple, fazendo anualmente lançamentos de nós mesmos em novas versões: Eu1, Eu2, Eu...

Observa-se isso também nas empresas que perdem seus vínculos com sua própria história e não conseguem assegurar sua continuidade. Muitos fundadores e herdeiros não conseguem compreender que o conhecimento do seu passado não deve ser relegado, mas ser instrumento útil para perenizar sua própria criação, que é a empresa. Cultivar alguns valores e princípios muitas vezes é confundido com a incapacidade de renovar, de modernizar.

O grande exemplo que nos vem das empresas japonesas é exatamente o de que é possível avançar com muita ousadia e revolução tecnológica sem perder suas raízes.

Os valores são duradouros, mas o que se modifica é a forma de colocá-los em prática.

O descuido, ou quem sabe até o desprezo, com o passado existe também no nível individual. Muitas vezes envolvidos em uma sociedade utilitarista, e que induz mais à preocupação com o "ter" do que o "ser", os indivíduos descuidam de observar, criticamente, seu passado como referencial importante para sua vida atual e futura. O que vemos em muitos casos é uma tardia descoberta desse fato quando nada mais pode ser feito.

Vejamos, como testemunho deste diagnóstico, o que nos diz Orlando Villas Bôas sobre liberdade:

> Se fizermos uma comparação com os índios, poderemos dizer que os civilizados são uma sociedade sofrida. O índio, por sua vez, estacionou no tempo e no espaço. O mesmo arco que ele faz hoje, seus antepassados faziam há mil anos. Se eles pararam neste sentido, evoluíram quanto ao comportamento do homem dentro da sociedade. O índio em sua tribo tem um lugar estável e tranquilo. É totalmente livre, sem precisar dar satisfação de seus atos a quem quer que seja.

Toda a estabilidade tribal e toda a coesão estão assentadas num mundo mítico. Que diferença enorme entre as duas humanidades! Uma tranquila, na qual o homem é dono de todos os seus atos; outra, uma sociedade em explosão, em que é preciso um aparato, um sistema repressivo para poder manter a ordem e a paz dentro da sociedade. Se um indivíduo der um grito no centro de São Paulo, uma viatura da polícia pode até levá-lo preso. Se um índio der um tremendo berro no meio da aldeia, ninguém olhará para ele, nem irá perguntar por que ele gritou. O índio é um homem livre.[16]

O que nos parece importante nessas observações de Villas Bôas é que o passado não significa a perda da liberdade. Muito pelo contrário, ele pode contribuir para sua conquista. E, é claro, uma conquista muito mais consistente e duradoura.

Em experiências de trabalhos com grupos, especialmente de empresários, executivos e pessoas que exercem posições de poder, é possível observar um desconhecimento da importância que o passado representa.

Na prática, estas conclusões são obtidas quando as pessoas são estimuladas a listarem três fatos marcantes de seu passado. Não importando se os mesmos sejam positivos ou negativos. A validade dessa reflexão é que sejam três acontecimentos ou mudanças que se tornaram impactantes a ponto de serem ainda recordados com muita intensidade. Ao mesmo tempo, estes são associados à idade respectiva que cada um tinha quando aconteceram.

Convidamos você, leitor, a realizar a mesma reflexão.

Pare alguns instantes e reflita sobre o seu passado, tanto na perspectiva pessoal quanto profissional.

---

[16] Entrevista publicada na revista *Visão* em 10 de fevereiro de 1975.

Concluída a reflexão, liste abaixo os três fatos marcantes, com a respectiva idade, que surgiram em suas lembranças:

FATOS MARCANTES	IDADE

Analisando os fatos listados, responda as questões abaixo:

1. De que maneira estes fatos ou acontecimentos afetam o seu presente?

_____

_____

_____

2. Que valores (crenças, ideologia, princípios) foram influenciados por eles?

_____

_____

_____

As reflexões decorrentes das respostas a essas duas perguntas podem ser muito ricas e interessantes para que cada um possa avaliar a importância que tem seu passado. E não apenas para imaginar com saudade ou nostalgia aquilo que fez ou deixou de fazer.

As reflexões sobre o passado já nos levam a falar sobre o presente.

E é precisamente sobre esta dimensão do tempo que reside a grande dificuldade da maioria das pessoas em conseguir o equilíbrio entre trabalho e desfrute. Pois equilibrar estes dois relaciona-se diretamente à nossa capacidade de viver, intensamente, cada instante.

Na poesia e na literatura, encontramos autores que trazem grandes reflexões sobre o tempo. Vejamos o famoso poema "Instantes":

Se eu pudesse viver novamente a minha vida, na próxima trataria de cometer mais erros.

Não tentaria ser tão perfeito, relaxaria mais.

Seria mais tolo ainda do que tenho sido, na verdade bem poucas coisas levaria a sério.

Seria menos higiênico.

Correria mais riscos, viajaria mais, comtemplaria mais entardeceres, subiria mais montanhas, nadaria mais rios.

Iria a mais lugares onde nunca fui, tomaria mais sorvete e menos lentilha, teria mais problemas reais e menos problemas imaginários.

Eu fui uma dessas pessoas que viveu sensata e produtivamente cada minuto da sua vida; claro que tive momentos de alegria.

Mas, se pudesse voltar a viver, trataria de ter somente bons momentos.

Porque, se não sabem, disso é feita a vida, só de momentos, não perca o agora.

Eu era um desses que nunca ia a parte alguma sem um termômetro, uma bolsa de água quente, um guarda-chuva e um paraquedas; se voltasse a viver, viajaria mais leve.

Se eu pudesse voltar a viver, começaria a andar descalço no começo da primavera e continuaria assim até o fim do outono.

Daria mais voltas na minha rua, contemplaria mais amanheceres e brincaria com mais crianças, se tivesse outra vez uma vida pela frente.

Mas, já viram, tenho 85 anos e sei que estou morrendo.[17]

Em relação ao presente, o que vemos são as pessoas vivendo esse tempo colocando grandes expectativas no futuro, de maneira que não vivem o presente, e mais, na maioria dos casos, tais expectativas são aspirações que visam combater as insatisfações atuais. Ou seja, postergamos nossos desejos projetando-os para o futuro, mas não uma projeção planejada como uma construção de um projeto de vida, mas como um adiamento de contas.

É como se fosse possível pensarmos que tudo aquilo que não conseguimos realizar agora conseguiremos realizar no futuro, nos esquecendo de que nem o mundo, nem mesmo nós, como indivíduos, seremos os mesmos. Estaremos mais velhos, nossos filhos terão crescido, nossos amigos mais afastados, enfim, existe uma gíria popular que nos ajuda entender: "A fila anda!"

Isso acontece tanto no nível profissional como no pessoal.

Muitos, especialmente aqueles em carreiras em fase de ascensão, consideram que o presente é uma "etapa de sacrifícios, esforço e para plantar o futuro". Por essa razão deixam de viver e adiam seus projetos de desfrute para o futuro. Para muitos destes, a história da cigarra e da formiga é um exemplo de modelo a ser seguido.

É prestes à entrada da fase da velhice que aqueles que viveram esse desequilíbrio, como executivos brilhantes que estão prestes a se aposentar, mães que dedicaram toda a sua vida aos filhos, ou ainda,

---

[17] O poema "Instantes" foi escrito aos 85 anos por Nadine Stair. Após a sua morte, foi erroneamente atribuído ao escritor argentino Jorge Luiz Borges, falecido em 1987.

aquelas que dedicaram o maior tempo ao seu trabalho, solteirões que amealharam verdadeiras fortunas pessoais, deparam-se com a descoberta que pode resultar numa grande frustração – o tempo que passou não se recupera, não da forma que ele era no momento em que não o vivemos. Afinal, "a vida é um intervalo finito de duração indefinida" (GIANNETTI, 2012, p. 17).

O que vale, agora, é viver com a intensidade que o instante requer e permite.

Não posso viver o amor que não vivi. Não terei condições de dar o amor que meus filhos reclamaram. Será difícil resgatar uma relação afetiva que terminou por falta de tempo e dedicação.

Enfim, é importante compreender o momento e vivê-lo na sua plenitude, procurando equilibrar os papéis que nos relacionam ao trabalhar e desfrutar. Especialmente para aqueles que passaram toda a vida trabalhando e não sabem fazer outra coisa, é importante encontrar a forma de desfrutar ou um novo trabalho que signifique o desfrute.

Longevidade ✱ Os desafios e as oportunidades de se reinventar

> Provocações para refletir

VAMOS VER COMO ESTÁ O SEU TEMPO

Nas próximas linhas, sugerimos um exercício interessante para provocar uma reflexão sobre como você está dividindo e, enfim, vivendo seu tempo. Seu objetivo será, a partir das respostas dadas, refletir sobre como está sua busca de equilíbrio entre trabalhar e desfrutar e também entre passado, presente e futuro.

Sugerimos o roteiro seguinte.

1. Liste abaixo os dias da semana e depois classifique-os por ordem de sua preferência (atribuir nota 7 ao dia preferido e 1 ao menos agradável) no contexto de uma semana típica. Os pesos não podem se repetir.

DIA DA SEMANA	NOTA

2. Relacione o seu dia preferido e coloque a razão de sua preferência.

DIA PREFERIDO	
MOTIVO	

3. Explique o que o seu dia preferido significa para você.

_____

_____

_____

4. Você vive o momento ou a expectativa que o momento gera?

_____

_____

_____

5. Acrescente à sua idade cinco anos e coloque este número no espaço abaixo. Está é sua idade objetivo.
Exemplo: se você tem 40, sua idade objetivo é 45.

IDADE ATUAL	IDADE OBJETIVO

Olhando para esse número e imaginando-se com tal idade, estabeleça três objetivos importantes, práticos e exequíveis, de caráter pessoal.

Recomendação:

Na medida do possível, não defina objetivos pessoais exclusivamente na linha do "ter". Algo como conseguir uma casa na praia, terminar de pagar as prestações da casa própria, trocar de carro etc. E, no profissional, que não sejam apenas objetivos quantitativos, mas também qualitativos.

Procure imaginar-se com a idade no que se refere à sua imagem (o que os outros verão em você), autoimagem (a maneira como você se verá), preocupações (questões que serão importantes nesta fase da vida), relacionamentos (em que mudarão suas relações, tanto no trabalho como pessoalmente).

OBJETIVOS PESSOAIS	
1.	
2.	
3.	

OBJETIVOS PROFISSIONAIS	
1.	
2.	
3.	

Com base nos objetivos acima estabelecidos, reflita e responda as seguintes questões:

1. Os objetivos fixados para o futuro refletem alguma insatisfação com sua realidade presente?

_____

_____

_____

2. Caso positivo – refletem uma insatisfação com o seu passado –, o que você pode fazer para atingi-los em prazo mais curto, ou quem sabe, já agora no presente?

_____

_____

_____

De acordo com suas respostas ao exercício proposto anteriormente, propomos que você faça as seguintes reflexões:

› Quando a proposta de listar os dias da semana foi feita, você pensou apenas nos intitulados como dias úteis? (Exemplo: considerou exclusivamente o período de segunda à sexta.) Qual o conceito que pode estar implícito para você quando o fim de semana não foi considerado na sua lista? O que você considera como dia útil?

› Será que com isso você não está dividindo seu tempo dentro do conceito utilitarista que privilegia trabalho, produtividade etc.? Na sua maneira de pensar o ócio, está considerado apenas o fim de semana como possibilidade de desfrute?

› Observamos, quando esse exercício é proposto em grupos, que com alta frequência, o dia preferido é a sexta, especialmente a tarde.

Em contraposição estão o domingo e a segunda. Normalmente, as pessoas gostam da sexta não pelo fato de ser sexta, mas pela expectativa que este dia gera em relação ao final de semana. Esta é uma demonstração de como a semana "útil" pode ficar desequilibrada quando pensamos no trabalho e no desfrute de forma desvinculada. Associamos o período de segunda a sexta como de dedicação exclusiva ao trabalho. E o fim de semana destinado ao desfrute. Pense em como encontrar formas de desfrute em todos os dias da semana.

› Outra observação é que o domingo, especialmente após o almoço, aparece quase que na maioria dos casos como o período de menor preferência. Não pelo o que o dia em si representa mas pela dificuldade em vivê-lo, fruto de uma contaminação que o futuro pode provocar no presente.

› É importante, após suas respostas, observar o quanto o presente está fortemente contaminado ou não por suas preocupações ou desejos relacionados ao futuro.

Um bom exemplo deste fato pode ser o ditado popular que diz que "o melhor da festa é esperar por ela". Ou seja, não é a festa em si, mas a expectativa que ela cria em nós.

› Após o exercício da idade objetivo, reflita se seus objetivos estão relacionados a projetos futuros ou representam o adiamento de ações relacionadas a insatisfações que existem no seu presente. Não deixe de viver seu presente, afinal nunca sabemos o tempo que nos resta!

Um projeto para viver a longevidade

Por que envelheci? É uma questão que me interessa. Envelhecendo nos encontramos frente ao paradoxo segundo o qual somos obrigados a admitir a verdade dos números, sem nos sentirmos, de modo notável, diferentes[18].

Marc Augé

A sensação que muitas pessoas expressam, cotidianamente, de que os dias hoje parecem correr mais rápido do que no passado tem suas próprias razões de ser. E não porque o tempo, como uma unidade de medida, tenha se alterado. Mas está relacionado ao efeito que o seu uso – do tempo – provoca em todos nós, o que termina criando este sentimento.

Vivemos em um mundo contemporâneo, onde a transitoriedade é uma das características mais fortes do nosso estilo de vida. O efêmero nunca esteve tão presente em nossas vidas como agora.

Além disto, vem aumentando também, de forma muito acentuada, as exigências em relação aos vários papéis que desempenhamos nos níveis da vida pessoal, profissional, pública ou privada.

---

[18] Retirado da entrevista intitulada "A velhice não existe", Psychologies nº339/abril-2014. Disponível em: <http://www.psychologies.com>. Acesso em: 16 mai. 2016.

E, para tornar este quadro bem mais complexo e delicado, a longevidade nos coloca diante de dilemas e oportunidades que antes nem sequer ouvíamos falar.

É evidente que os desafios que enfrentamos ao longo do nosso existir não estão limitados a uma etapa exclusiva da vida, seja ela a infância, a adolescência, seja àquela que pode ocupar, atualmente, a posição de "mais temida" – a velhice. Eles percorrem toda nossa existência, nas suas mais diferentes fases, exigindo reposicionamentos, mudanças de paradigmas, alteração de hábitos, condutas, construção e revisão de projetos de vida.

A sociedade em que vivemos valoriza o adulto muito especialmente por fatores ligados à sua capacidade de produção. Podemos até dizer que o processo de autoestima do indivíduo pressupõe a sensação de que realiza bem o seu trabalho e se realiza através dele.

PLANEJAMENTO FINANCEIRO DEVE SER PARTE DO PROJETO DE VIDA

> Abre-se assim um hiato – que com o tempo se tornou um vasto, intricado e por vezes ameaçador sistema de trocas comerciais e financeiras e âmbito planetário – separando, de um lado, aquilo que se faz no presente para ganhar a vida (trabalho) e, de outro, aquilo que efetivamente se almeja para poder viver (satisfação das necessidades e desejos). Desse divórcio entre os meios e os fins nasce o universo da racionalidade na vida prática (GIANNETTI, 2012, p. 53).

Falarmos de envelhecimento, de longevidade, é também falarmos da relação com o dinheiro.

Essa discussão hoje é proposta nos mais diversos âmbitos, pois o envelhecimento aparece dia após dia como notícia nos cadernos de economia, principalmente quando os assuntos são os direitos decorrentes dos benefícios sociais e da educação financeira.

Para a OMS, atualmente, o envelhecimento populacional impõe uma prorrogação da fase laboral ou um adiamento da aposentadoria, tanto por razões econômicas de Estado como por razões psicológicas individuais e sociais. Atualmente, as questões financeiras que envolvem a longevidade vêm sendo estudadas por bancos, seguradoras, corretoras, seja para proporem revisões em seu elenco de produtos, seja para criarem novos que atendam essa tendência. No Brasil, as recentes alterações do sistema previdenciário motivarão ainda mais os indivíduos e as instituições a repensarem para que o planejamento financeiro seja o mais efetivo, prevendo as modificações legais e o aumento da expectativa de vida.

O HSBC realizou um estudo em dezessete países com aproximadamente 110 000 pessoas entre 30 e 60 anos de idade, que foi publicado em 2011, sob o título "O futuro da aposentadoria". Em um de seus relatórios, intitulado "A importância da família", é mencionado que "o documento procurou olhar para as importantes diferenças no modo como as pessoas planejam a aposentadoria, dentro de diferentes tipos de famílias. Uma conclusão primordial é que a unidade familiar permanece central ao redor do mundo quanto a como, e se, as pessoas estão assumindo o planejamento financeiro para a aposentadoria".

No Brasil, o universo entrevistado foi de 1 000 pessoas. Alguns resultados são trazidos abaixo:

› Mais da metade (59%) dos entrevistados brasileiros acham que seus planejamentos financeiros para uma aposentadoria confortável são inadequados: 19% nem se preparam, 41% não fazem o suficiente.

› As pessoas correm o risco de viver bem além de sua poupança da aposentadoria: na média, os entrevistados brasileiros esperam ficar aposentados por 23 anos, mas suas poupanças da aposentadoria duram somente doze anos.

› A média dos entrevistados brasileiros acredita que 31% dos rendimentos de sua aposentadoria virão do Estado e para 37%, a pensão do Estado será uma fonte de renda importante na aposentadoria. Como os entrevistados brasileiros desejam que o rendimento da aposentadoria substitua aproximadamente três quartos (70%) do rendimento de seu trabalho remunerado, há uma excessiva confiança nos benefícios do Estado.

› Os entrevistados entendem a importância do planejamento da aposentadoria desde cedo: na média, eles veem a idade de 33 anos como a idade-limite para que as pessoas iniciem um planejamento financeiro e assim mantenham o seu padrão de vida na aposentadoria.

› Os entrevistados brasileiros tendem a priorizar a poupança para férias acima da poupança para a aposentadoria. Quando perguntados se eles pudessem economizar para somente uma destas opções durante o ano, 49% escolheram poupar para férias, enquanto 43% para a aposentadoria.

› No Brasil, os motivos principais para um plano de aposentadoria são: algo responsável a se fazer (mencionado por 39%) e o desejo de um bom padrão de vida na aposentadoria (35%). Iniciativas orientadas pelo empregador não são incentivo um importante para a poupança de aposentadoria: somente 9% dos entrevistados brasileiros começaram um planejamento financeiro para aposentadoria após o seu empregador ter feito depósitos em um fundo previdenciário para eles.

› No Brasil, para os entrevistados com rendimento médio, existe uma relação forte entre planejamento financeiro e maior poupança. Deste grupo, aqueles que se comprometeram a fazer um planejamento financeiro formal ou informal têm pelo menos quatro vezes mais poupança para a aposentadoria do que aqueles que não fizeram.

Em seu livro *Viver muito*, o jornalista Jorge Félix menciona que em países já envelhecidos como Japão, Alemanha, Holanda e Luxemburgo, os cidadãos e as empresas são obrigados a fazerem um "seguro de cuidados de longa duração", com o intuito de desonerar o Estado e dividir os custos com os três setores envolvidos na questão: público, privado e individual.

Realmente, o envelhecimento e nosso projeto de vida não podem ser vistos somente dentro do âmbito privado, ou seja, dentro das nossas próprias vidas. Como mencionado, a questão financeira deve e precisa ser contemplada, porque envelhecer é um fenômeno que transcende a esfera individual: é uma questão social, econômica e pública.

Além de um claro descuido e falta de uma conduta preventiva com as questões financeiras e de saúde para a aposentadoria, é menor ainda o índice de pessoas que têm um "projeto de vida" para essa etapa. Falam genericamente de continuarem felizes e manter uma boa convivência familiar.

Mas o assunto não é considerado, discutido e menos ainda encarado pela estrutura familiar. Claramente, o envelhecimento é um assunto tabu, para o qual a grande maioria das famílias está totalmente despreparada.

O relatório conclui com algumas recomendações. São elas:

1. **Compartilhe a tomada de decisões** – É importante que o planejamento financeiro familiar seja compartilhado e que se considere a unidade da família e as necessidades financeiras em potencial dos esposos, filhos e demais parentes dependentes.

2. **Revise planos financeiros à luz dos grandes eventos da vida** – O planejamento financeiro não pode ser estático. Eventos familiares como nascimentos, doenças, mortes e casamentos agem como disparadores do início ou da revisão dos esquemas financeiros da família.

3. **Verifique o sentido de suas decisões com um consultor financeiro** – Mesmo quando os planos existem, podem conter lacunas. Buscar orientação profissional pode ajudar a identificar e preencher lacunas que venham a surgir.

4. **Adote uma abordagem equilibrada da gestão do risco de investimento** – As famílias devem equilibrar a necessidade de proteger seus investimentos no curto e médio prazos com a necessidade de gerar renda para a aposentadoria, no longo prazo.

5. **Esteja atualizado sobre suas necessidades de aposentadoria** – Mundialmente, os entrevistados acreditam que sua poupança acabará na metade do caminho de sua aposentadoria. Com a expectativa de vida aumentando, as pessoas precisam estar cientes de quanto tempo o dinheiro delas durará, para que possam tomar as medidas necessárias para evitar qualquer déficit.

6. **Coloque suas prioridades de poupança em ordem** – É preciso estabelecer um equilíbrio adequado entre gastar em necessidades de curto prazo e poupar para objetivos de longo prazo, como a aposentadoria. Mudar as prioridades agora para uma poupança de longo prazo poderá levar a um futuro mais próspero.

7. **Planeja para o futuro** – Há uma relação direta entre um plano financeiro e poupar mais: mundialmente, 44% dos entrevistados declaram poupar mais para a aposentadoria com um plano financeiro existente, enquanto somente 31% dizem não ter poupado a mais. Ter um plano financeiro e só poupar pouco, indiferentemente do pouco, poderá fazer uma grande diferença no rendimento da aposentadoria a longo prazo.

O projeto como oportunidade de reinvenção

A forte ênfase nos valores relacionados com a produção constitui uma das razões pelas quais grande parte das pessoas na fase adulta teme o estágio do pós-carreira (aposentadoria).

Conforme já foi possível observar no decorrer da leitura, todo nosso processo educacional e cultural está muito baseado nas duas primeiras fases da vida (preparação para o trabalho e trabalho). As pessoas passam boa parte de sua infância, adolescência e juventude preparando-se para ingressar no mercado de trabalho. Na fase adulta, a vida de muitos resume-se a uma acentuada importância e dedicação ao trabalho.

Além desse fato, seus outros papéis (conjugal, familiar, social, educacional e recreacional) estão muito contaminados pelo papel profissional. O conjunto de todos esses fatores contribui, de maneira significativa, no sentido de dificultar a transição de "elemento produtivo" na comunidade, para a aposentadoria. Essa é uma das mudanças mais dolorosas na vida de muitos dos adultos em nossa sociedade.

As principais dificuldades de uma pessoa no processo de transição para a aposentadoria é conseguir uma "sensação" de integração social, preservar sua realização pessoal, encontrar um novo sentido que preserve sua autoestima.

Mas esse processo exige uma prolongada fase de reeducação que direcione suas energias e capacidades no sentido de conciliar seu tempo, anteriormente destinado exclusivamente para atividades "produtivas", para tarefas que a sociedade, como um todo, caracteriza como "não produtivas".

A história da humanidade tem mostrado, ao longo do tempo, e nas mais diferentes culturas, que existem pessoas que se apropriam da sua biografia e assumem os riscos e alegrias da sua existência. Há algumas que, além disso, se tornam figuras que influenciam a vida de outros, ou pela via do exemplo ou do discurso. São indivíduos transformadores que se tornam agentes ou autores de alguma história. Eles estão no mundo – países, governos, empresas, ciência, famílias e tantos outros sistemas da nossa sociedade.

Existem também aquelas que nem ao menos percebem que sua vida lhes pertence e passam toda uma existência dependendo de pessoas e mecanismos externos na busca de algum sentido para sua vida. Para estes é que existem os "gurus" de plantão e o crescente instrumental de autoajuda.

Mas também temos encontrado aquelas pessoas das quais se diz que "foram, ou são, maiores que suas vidas". E a afirmativa deve ser no plural mesmo porque com certeza foram seres humanos que viveram várias vidas ao longo de uma só.

Todas estas questões nos fazem recordar a resposta de um dos membros da família Sella, hoje já na 14ª geração, quando perguntado sobre quais as razões para esta longevidade familiar e empresarial.[19]

Disse ele, de forma muito pragmática, que na sua família "existiam mortos que estavam vivos, e vivos que estavam mortos".

Embora, talvez, o que seja motivo real de preocupação sejam os "vivos-mortos", pela falta de compromisso com sua biografia e sentido da vida, fica evidente que todos aqueles considerados como "mortos-vivos" estão na categoria das pessoas que se tornaram maiores que suas existências e deixaram seu legado.

É claro também que todo esse conjunto de reflexões faz mais sentido ainda a cada dia que passa em nossa sociedade moderna.

Um mundo competitivo e globalizado, como o que estamos vivendo, exige que nos tornemos indivíduos que conseguem ver e agir muito além de meros desejos ou objetivos de curto prazo. Menos ainda que nossas aspirações sejam apenas influenciadas por uma sociedade consumista e que se satisfaz com modelos de fama e sucesso efêmeros.

E, em algumas circunstâncias, pode até demandar mudanças bem mais radicais na forma como encaramos e atuamos na vida.

Mas existe um conjunto de "choques" que, tanto pela intensidade e forma como estão ocorrendo, impactam o percurso daqueles que atravessam a meia-idade. James Hollis, quando escreve sobre tal fase, coloca a importância de nos apropriarmos de nossa biografia quando menciona: "existe hoje uma passagem do meio, não apenas porque as pessoas vivam

---

[19] A história do grupo Banca Sella se inicia em 1886 com Gaudenzio Sella. Hoje o grupo é o principal acionista do Banca Sella e de mais dez instituições na área do mercado financeiro.

Longevidade ✳ Os desafios e as oportunidades de se reinventar

bastante tempo, mas também porque a maior parte da sociedade ocidental aceita agora o fato de que desempenhamos o papel principal na formação da nossa vida" (HOLLIS, 95, p. 22).

Vejamos apenas alguns destes impactos mais significativos:

› Mudanças nos modelos de estrutura familiar e nos relacionamentos afetivos;
› Avanços e conquistas do universo feminino, o que se observa tanto no mundo do trabalho como também na maior autonomia pessoal;
› Conectividade e velocidade da tecnologia;
› Redução nos índices de natalidade, com acentuado aumento do filho único;
› Significativo aumento nos índices de longevidade;
› Surgimento da atual estrutura familiar 4-2-1 (quatro avós, dois pais e um filho);
› Maior aproximação entre diferentes culturas e países como efeito da globalização;
› Crescentes cuidados com alimentação e saúde de forma geral;
› Valorização e prolongamento da sexualidade.

Sem a mínima pretensão de sermos completos, e muito menos de tentarmos ser conclusivos, vejamos alguns dos efeitos de toda esta dinâmica na vida de quem está atravessando a fase da meia-idade.

› Revisão do modelo de estrutura familiar, que inclui manter-se muito atento às formas como equilibrar e desenvolver o relacionamento afetivo, tanto na perspectiva individual como coletiva.
› Maiores cuidados na educação e forma de orientar filhos, não apenas para uma carreira, mas, acima de tudo, para uma vida mais plena e com desafios mais constantes, especialmente para que alcancem maior autonomia;

- Repensar o modelo de carreira profissional considerando também a possibilidade de empreender;
- Levar em consideração que o aumento do índice de longevidade vai exigir se reinventar mais vezes ao longo da vida. Pois vale registrar que as carreiras estão se tornando obsoletas a cada dia, e de forma muito mais rápida;
- Planejar a aposentadoria não mais como uma etapa exclusiva de parada, descanso e desfrute. Mas encontrar formas de continuar ativo, encontrando novos sentidos para a vida, criando novas identidades e formas para preservar a autoestima;
- Não adiar planos de desfrute ou sonhos apenas para o futuro, mas dedicar-se com maior empenho em viver o presente de forma mais plena;
- Criar fontes alternativas para o aumento da renda, de maneira que possam suplementar os rendimentos dos planos previdenciários;
- Cuidar – desde muito cedo – da saúde, buscando desenvolver uma saudável estrutura física e mental;
- Não construir expectativas – para o processo de envelhecimento – que tenham como aspiração ou resultado a geração de dependência, tanto financeira como afetiva, em relação aos filhos;
- Preservar a autoestima – seja pela via emocional ou espiritual – como forma de evitar alguma dependência. Acima de tudo, como forma que sua vida tenha sentido, tanto para si, como para os demais;
- Administrar, com cauteloso equilíbrio, o grau de exposição privada e pública nas redes de relacionamentos virtuais;
- Construir um legado que possa dar sentido ao seu presente, e que permita, aos seus ideais e realizações, ultrapassar os limites da sua própria existência.

Para tanto, vale refletir que num cenário tão desafiador como este, já não é suficiente falar apenas na importância da atualização.

O que precisamos é, de fato, encontrar formas de reinventar-nos sem perder a essência, a identidade e os valores que caracterizam o indivíduo como um ser numa coletividade.

Um bom exemplo do que isso significa é a experiência das pessoas que perdem um dos seus sentidos – visão, tato, olfato etc. – e que terminam desenvolvendo, de uma forma compensadora, outro sentido que estava acomodado.

Um caso prático dessa situação é o policial belga Sacha Van Loo, que em vez de uma arma, carrega uma bengala branca e, em uma escuta telefônica, é capaz de distinguir a marca do veículo que o suspeito está dirigindo, pelo barulho do motor. Por essa razão, ele se tornou uma das mais recentes armas na luta global contra o terrorismo, tráfico de drogas e crime organizado.

Segundo ele, "a cegueira me obrigou a desenvolver meus outros sentidos, e meu poder como detetive está na minha audição".[20]

Quando a polícia faz escuta telefônica de um suspeito de terrorismo dando um telefonema, Van Loo é capaz de identificar o número discado instantaneamente só de ouvir os tons das teclas do telefone. Ao ouvir uma voz ecoando de uma parede, consegue deduzir se o suspeito está falando do salão de um aeroporto ou de um restaurante lotado.

Esse exemplo nos mostra, de uma forma muito pragmática, que por meio da autodeterminação, é possível encarar as mudanças e transições da vida de forma positiva. Especialmente à medida em que as mudanças possam acarretar alguma perda ou simples alteração do status quo.

Exemplos que podem exigir reinventar-se surgem tanto de situações agradáveis como tristes. Fracassos ou sucessos.

Uma promoção no universo do trabalho pode apresentar necessidades de reinventar-se para as novas responsabilidades, assim como sair do estado de solteiro para casado ou assumir a paternidade.

---

[20] Artigo publicado no jornal *O Estado de São Paulo* em 24/11/2007 com o título de "Cego é super-herói da polícia belga".

Filhos que saem de casa e criam o quadro do chamado "ninho vazio", requerem que os pais se reinventem como casal.

O envelhecimento, a aposentadoria, a viuvez, a separação, o empreender, a dependência física provocada por alguma doença, ficar desempregado, não ser promovido etc., podem todas estas mudanças se apresentarem como situações que nos exigem um processo de reinvenção na maneira de agir e formas para encarar uma nova etapa da vida.

Pessoas que imaginam poder conduzir toda uma vida, sempre da mesma forma, sem alterar sua visão de mundo e maneira de agir, podem sobreviver, mas com certeza em alguma fase de suas existências a sentirão como algo muito empobrecido. Sem dúvida, terão que enfrentar, em algum momento, os questionamentos de si próprio e dos demais, sobre o significado que deram a sua passagem por este mundo.

Reinventar-se é muito mais do que simplesmente se atualizar e manter-se informado. É um desafio de encarar a vida nas formas do ser, ter e parecer. Sem perder a essência. Mas muito pelo contrário, buscando mantê-la, de forma que a vida se torne mais rica e ganhe um novo sentido a cada dia. É um profundo e permanente processo de reflexão e ação.

A teoria de Darwin, explicando a evolução humana, previa a sobrevivência dos mais adaptados. Nossa inteligência nos possibilita que nos adaptemos às mais diversas condições. Vivemos um novo momento que nos propõe um desafio, adaptarmo-nos a um dos grandes ganhos da humanidade: ANOS DE VIDA!

Para isso, é vital ter um projeto de vida voltado para esses anos que ganhamos dentro dessa fase que nos parece nova, mas é nela que passamos a ser chamados de VELHOS!

✳ Experiências de vida

Poetisa e analista, duas faces, duas pistas

Katia de Lima Pessanha

Com 7 anos de idade, ao aprender a ler e escrever, defini o que queria ser quando crescesse: escritora!

Foram muitas voltas, muitos anos, na verdade, quase cinquenta anos, e eu não posso descrever a satisfação que sinto hoje quando me perguntam qual minha profissão e posso finalmente dizer: escritora!

Ao longo da vida, poderia ter me nomeado "poetisa", já que nunca deixei de escrever poemas e que a poesia me salvou, me permitiu refletir, sonhar, me expressar, mas eu sempre tinha outro papel mais "respeitável", do qual tirava meu sustento e que considerava como profissão.

Mesmo assim, sempre soube que cada uma dessas profissões respeitáveis seria temporária.

Foi para ser escritora que, no final da adolescência, resolvi ser secretária.

Eu vasculhava os cadernos de emprego e não via um único anúncio para escritores, professores de línguas ou jornalistas, mas os anúncios buscando secretárias bilíngues cobriam páginas do jornal.

Fiz o curso técnico, comecei a trabalhar em grandes empresas e planejava viver e estudar em São Paulo. Porém, aos 20 anos, me casei com um engenheiro aeronáutico do CTA e me mudei para São José dos Campos.

Consegui um emprego na Johnson & Johnson, onde pude trabalhar como secretária bilíngue e continuei a escrever poesias, crônicas e pequenos textos que deixava engavetados.

No nosso primeiro ano de casados, ficamos grávidos, e isso provocou uma nova mudança profissional.

Quando minha querida filha Érika nasceu, eu decidi parar de trabalhar para acompanhar seu primeiro ano de vida, resistindo à tentação de uma promoção e de um generoso aumento de salário caso eu voltasse de minha licença-maternidade.

Antes que esse ano terminasse, meu marido foi convidado a fazer um estágio na Califórnia, no Stanford Research Institute, e fomos de mala e cuia para os Estados Unidos.

Ali pude aperfeiçoar meu inglês, redigir composições nesta língua e receber o incentivo da professora para seguir a carreira de escritora. Redigia mensalmente cartas para meus familiares com o título de "Vivendo na Gringolândia", em que relatava nosso dia a dia em outro país.

Foi nos EUA que minha carreira profissional sofreu nova guinada.

Ao fazer um curso de atualização tecnológica para secretárias, vislumbrei um novo mundo: a automação de escritórios. Processadores de texto, fax, correio eletrônico, videoconferências, tudo isso era absoluta novidade nos escritórios do Brasil no início da década de 1980.

À pergunta feita pela professora: "O que você quer fazer nos próximos cinco anos?, eu respondi: "Quero ajudar a implementar a automação de escritórios no meu país".

O que faz uma pessoa sem qualquer formação técnica, do interior de São Paulo, se atrever a tanto?

Não enxerguei barreiras em minha intenção de ajudar as secretárias e gerentes a terem uma vida mais produtiva, sem tantas tarefas repetitivas e entraves à comunicação.

Fiz cursos, mergulhei na biblioteca da faculdade, tive livre acesso ao Stanford Research Institute, na época uma instituição de ponta na pesquisa deste tema, visitei a IBM local e participei de um congresso que foi determinante para o meu futuro.

No Congresso de Automação de Escritórios no Moscone Center, em São Francisco, eu conheci o vice-presidente de Finanças da Johnson & Johnson onde eu havia trabalhado e lhe disse que estava decidida a levar essas inovações para o Brasil.

Quando retornei, meses depois, a empresa estava concluindo o processo seletivo para alguém que seria responsável por automação de escritórios na empresa, e meu nome tinha a sua recomendação.

Cheguei bem a tempo de ser entrevistada e admitida.

Foi um período de muito crescimento intelectual que requereu uma intensa dedicação. Fiz uma pós-graduação em análise de sistemas e não parei mais de estudar para me manter atualizada em uma área onde mudanças são uma constante.

Além de todo o aprendizado tecnológico, havia o desafio da competição corporativa, dos jogos de poder que eu nunca havia jogado enquanto secretária.

Eu me sentia dividida, deixava minha filha chorando na creche, entrava no carro, e era minha vez de chorar. Começava a trabalhar ainda abalada, mas ao revê-la no final do dia era a empresa que ocupava minha mente, e eu levava um tempo para me "encaixar" novamente, para estar presente enquanto brincava com minha filhota.

Como pesquisador, seu pai tinha mais disponibilidade de tempo do que eu e podia buscá-la na escola e estar com ela durante minha ausência. Nossa empregada era excelente, meus pais moravam a 40 quilômetros, e o período passado nos Estados Unidos também havia contribuído para que eu ampliasse minha consciência feminista e fizeram com que eu nunca tivesse me sentido a única responsável pelas tarefas domésticas ou culpada por deixar a louça por lavar para o dia seguinte.

Como os embates pelo poder na empresa me incomodavam cada vez mais, pensei em ser tradutora técnica, o que me colocaria mais próxima da carreira de escritora. Eu havia dado uma cópia do "Vivendo na Gringolândia" para o Henfil e recebera dele uma carta maravilhosa que guardo até hoje.

Ao buscar o *Datanews*, o mais conhecido jornal de informática da época, para oferecer meus serviços de tradução, recebi do editor o pedido de um artigo sobre automação de escritórios.

Um artigo! Publicado! Foi a realização de um sonho, mas me colocou mais longe da carreira de escritora porque um grande centro de treinamento, a Compucenter, me convidou para ministrar seminários.

Comecei então nova carreira, tornei-me empresária.

Aproveitando minha experiência na Johnson & Johnson, montei uma empresa de consultoria e treinamento que visava o mercado do Vale do Paraíba, porém a demanda maior acabou ocorrendo em São Paulo, um mercado mais maduro.

Eu chegava a passar a semana toda lá, longe da minha família, mas eu amava ensinar, apoiar empresas com soluções tecnológicas e, graças a isso, conseguíamos ter um padrão de vida excelente.

O comichão por escrever voltou a me assaltar e, em 1987, como despedida da área, reuni meu conhecimento sobre o tema da automação de escritórios e submeti um livro para a editora McGraw-Hill . Quando o editor me ligou confirmando que sim, eles queriam publicar o livro, eu mal pude conter minha alegria. Desliguei e saí saltando e gritando pela casa.

Eu estava decidida a me dedicar às traduções e à literatura.

Só que, depois desse livro, um dos primeiros sobre o tema no Brasil, meu trabalho como consultora só fez aumentar!

Depois de dois anos de divisão entre São Paulo e São José dos Campos, concluí que eu não queria mais ter o "direito" de ter a vida de um executivo do sexo masculino, distante dos filhos por ser o provedor e me mudei para São Paulo com minha filha. Meu casamento terminou meses depois.

Eu tinha 30 anos.

Nos anos seguintes, criar minha filha praticamente sozinha em São Paulo foi bastante desgastante, mas a poesia foi minha companheira constante, meu ponto de equilíbrio, minha tábua de salvação:

Aqui me tens, poetisa e analista.
Duas faces, duas pistas.
Meu eterno vai-e-vem.

Publiquei outro livro em 2006 e continuei a escrever artigos e a dar entrevistas para a mídia especializada. Como consultora, instrutora ou autora, ficava cada vez mais claro que a comunicação era a chave para meu sucesso profissional.

Por fim, aos 40 anos, farta de crises e planos econômicos sucessivos, desisti de ser empresária e resolvi voltar ao mercado de trabalho.

Ao disputar uma vaga de consultora na Lotus, uma empresa americana de software, eu fui "cooptada" pelo diretor comercial para sair da minha zona de conforto e trabalhar em vendas.

O trabalho externo de atender às necessidades dos clientes com soluções tecnológicas não mudou muito, e eu me sentia extremamente gratificada por participar de iniciativas com grande impacto social ao atender ao governo estadual.

No entanto, voltar a trabalhar em uma corporação que depois foi integrada à IBM, a maior empresa de informática do mundo, requereu toda a maturidade que eu havia acumulado com o passar dos anos, e até consegui seguir adiante por algum tempo.

Cotas, planos de vendas, hierarquia, processos, reuniões, eu já não era a consultora que trabalhava sozinha ou em um pequeno grupo com total autonomia.

Passado o período de alegria inicial, quando eu me sentia em um transatlântico depois de ter cruzado o oceano em uma pequena lancha, toda essa estrutura me tolhia, os jogos competitivos me desgastavam, e eu sentia a vida como um imenso fardo agravado por um relacionamento que já durava anos e que me infelicitava tremendamente.

Eu via meus planos de ser escritora cada vez mais distantes, já que a "cenoura" dos bônus e incentivos fazia com que eu trabalhasse dez horas por dia em média.

Felizmente um carcinoma in situ retirado do meu seio direito em 2003 me fez confrontar a mortalidade. Parada geral de dois meses para refletir enquanto me recuperava da cirurgia e fazia a radioterapia, e a escrita mais uma vez me salvou.

Escrevi muito nesse período, revi minha vida, transcrevi sonhos e reuni os escritos em um livro que nunca cheguei a publicar.

Era uma exposição enorme de minha alma despida, um trabalho de análise interna, acompanhada por um terapeuta antroposófico que me transformou radicalmente.

A vida deixou de ser um fardo e passou a ser uma benção.

Rompi o relacionamento e mudei minha postura profissional.

Passei a enxergar a organização e processos da empresa não como um fardo, mas como uma estrutura que me apoiava, a me beneficiar da sinergia das equipes, fiquei leve, e as pessoas disseram que eu mudei da água para o vinho.

Os resultados de venda daquele ano foram excepcionais, e eu fui capaz de comprar um apartamento excelente praticamente à vista.

Quando comuniquei à IBM que não gostaria mais de trabalhar em vendas, recebi uma missão que parecia vinda dos céus: ser responsável pelo relacionamento da IBM com as universidades.

Foram cinco anos fantásticos em que eu implementei um programa de voluntariado de funcionários junto às universidades e, com o apoio de duzentos voluntários, conseguimos multiplicar exponencialmente o número de escolas que utilizavam o software IBM em seus cursos de tecnologia.

O contato com o meio acadêmico, com instituições de pesquisa, professores e, especialmente, com voluntários e alunos me contagiava de fervor pela inovação.

Em 2010, nova missão me encantou: ajudar os vendedores de software a perseguir o autodesenvolvimento, a fazerem vendas com o perfil de consultoria, agregando aos clientes o valor do seu conhecimento.

Nas duas missões, eu tinha que criar textos curtos, diferentes, instigantes para romper o bloqueio das caixas postais lotadas e motivar as pessoas para a ação.

Foram nove anos de desafiantes exercícios para minha escrita, além de eu me sentir retribuindo com o que tinha aprendido ao longo da vida, não mais preocupada com questões do ego, com competições, mas com fazer o que tivesse sentido, tivesse propósito.

Ainda em 2010, eu descobri minha possível ascendência marrana, as possíveis raízes de minha família materna que teria sido de judeus convertidos à força. Mergulhei no universo judaico e na história da Península Ibérica, da Holanda e do Brasil colonial.

Passava minhas noites na internet e lendo livros, fiz cursos, viajei e recolhi tanta informação que minha filha, doutoranda na Unicamp, me sugeriu que eu fizesse um doutorado no tema.

Bem, eu já estava pensando na aposentadoria e achei um bom plano. Eu poderia fazer um doutorado em História para ser professora universitária quando me aposentasse, ao mesmo tempo que escreveria romances históricos.

Em um congresso em Natal, começou meu contato com duas professoras doutoras da USP, especialistas na área do marranismo no Brasil, e elas me orientaram a fazer cursos de História na USP como ouvinte.

Frequentei o curso noturno de História do Brasil colonial durante o primeiro semestre de 2011.

Voltava de uma dessas aulas, ainda fascinada quando um pensamento quase me fez bater o carro.

O que aconteceria se eu morresse sem ser professora de história?

Nenhum sentimento.

E se eu morresse sem publicar um romance?

Dor profunda no peito! Eu morreria absolutamente frustrada. Ali ficava claro que estava chegando a hora de eu parar de adiar meus sonhos.

Fazer um doutorado durante 5 anos ou mais, me estabelecer na carreira de professora de história para poder me aposentar e escrever? Que caminho mais torto!

Vi que era melhor começar a escrever imediatamente o romance para o qual eu já tinha muitas ideias e seguir trabalhando na IBM.

A IBM pagou minha formação em *coaching*, que tinha tudo a ver com o trabalho que eu desenvolvia ali e passei a considerar essa carreira como suplementar à de escritora quando eu me aposentasse.

Em 2012 fui morar em Portugal com meu noivo, Ayrton, um executivo brasileiro da IBM que estava em designação na Europa desde 2007.

Passei a trabalhar remotamente para a IBM Brasil. Eu já havia visitado Amsterdam, Itália e Israel em minhas pesquisas e não era a primeira vez que ia para a Península Ibérica, mas viver em Portugal ampliou meu raio de pesquisa, e meu romance cresceu muito, tanto o romance que eu vinha escrevendo como o romance com meu noivo com quem me casei em janeiro de 2013 em uma cerimônia na praia cujo ritual eu mesma criei e minha irmã e minhas madrinhas conduziram.

De Portugal fomos enviados para o México em fevereiro de 2013.

Ali prossegui escrevendo o livro nas horas vagas e atuei como gerente estratégica de gestão de mudanças e *coach* de vários líderes em um projeto que terminou inesperadamente em outubro de 2013. A IBM México se comprometeu a encontrar uma vaga para mim já que meu marido deveria ali continuar.

No início de 2014, foi com muita tranquilidade que recebi a notícia que eu seria incluída no programa de cortes que demitiu milhares de pessoas no mundo inteiro caso a IBM México não me oferecesse algo de imediato.

Não apenas estava preparada, desejava isso. Havia trabalhado muito, poupado, feito reservas e me dispunha a diminuir o consumo em troca de qualidade de vida e liberdade para perseguir meus sonhos em período integral.

Meu marido e eu decidimos que era hora de voltar para o Brasil, para junto de nossos familiares, seus filhos e netos, minha filha e, principalmente, meus pais, que sofreram problemas graves de saúde durante minha ausência e que precisavam tanto de mim por perto.

Ayrton pediu para ser incluído no programa de cortes também, fomos ambos desligados da empresa e voltamos para o Brasil em julho de 2014, acompanhados de uma cachorrinha resgatada e adotada no México, que é nossa paixão.

Resolvemos tirar um período sabático para nos dedicarmos à mudança internacional, ao convívio com os familiares, à organização da papelada, aos cuidados com a saúde e à nossa casa.

Cuidar da casa que compramos em um condomínio fechado na zona rural de Paulínia tem me dado muito prazer. Ela sofreu pequenas e intermináveis reformas, fizemos sua adequação ao uso sustentável de água e energia, a decoramos e organizamos. Depois de uma vida inteira como um ser urbano e apressado, hoje cultivo um jardim, e o prazer de ver um pé de jasmim florescer ou de sentir o aroma do alecrim e do manjericão são insubstituíveis.

Enfim, colocamos a vida em ordem, e agora sim estou criando uma rotina de aposentada com muitos objetivos gratificantes.

Começo a trabalhar no projeto da publicação de cinco livros com temas e formatos diversos: romances, liderança, poesias, crônicas, a divulgar meu trabalho como *coaching*, a propor iniciativas comunitárias de sustentabilidade no condomínio onde vivo.

Longevidade ✳ Os desafios e as oportunidades de se reinventar

Agora, olhando para trás, tudo parece fazer sentido, eu tinha muito o que amealhar antes de me dedicar integralmente à escrita, eu precisava ter conteúdo, vida, experiência.

Precisarei ainda de toda a disciplina e planejamento que eu usei no mundo corporativo para a concretização de meus sonhos: elaborei o projeto de publicação de meu romance para obter o apoio do Ministério da Cultura, vou usar minhas habilidades de vendas para convencer os possíveis patrocinadores, tenho feito cursos de marketing digital para divulgar meu trabalho como *coach*.

Ou ao menos é assim que eu vejo meu futuro nesse momento, mas deixo espaço para que a vida me mostre seus caminhos e o que ela deseja de mim.

Afinal, conforme o Talmude – um livro que reúne a visão de grandes sábios judeus: "Faz do teu desejo como o desejo Dele, para que o desejo Dele se faça o teu desejo".

Um projeto de vida:
O seu

Quando aprendemos a viver, a própria vida é uma recompensa.

Harold Kushner

As páginas seguintes são dedicadas para que você realize um esforço no sentido de operacionalizar muitas das ideias que já possuía e não colocava em prática, ou algumas outras que foram surgindo ao longo da leitura deste livro.

Um pouco de autodisciplina será importante não apenas para preencher os formulários (a partir da p. 175), mas, acima de tudo, para partir das intenções para a prática. Não fique escravo da racionalidade, não perca sua espontaneidade nem vire um chato com discursos e patrulhamento. Torne o processo agradável, afinal é o seu projeto.

As questões que seguem devem ser encaradas como um ordenamento que pode facilitar a linha de raciocínio, em hipótese alguma como um roteiro completo. Faltam muitas outras questões. Mas o importante é iniciar por aquilo que é prioritário.

Para preencher, tenha em mente a seguinte orientação:

> Área: refere-se aos indicadores listados abaixo de cada item no alto da folha. Você poderá escolher alguns que considerar mais importantes para o seu momento de vida e trabalhar com eles. Não recomendo mais do que três para cada uma das páginas.

> Objetivo experimental: refere-se ao desejo que você tem. Estamos chamando de experimental exatamente porque você ainda não os confrontou com as Forças, que é o item seguinte. Por enquanto, representam muito mais do que desejos, intenções ou uma preocupação. Coloque o mais claro possível para não ter dúvidas depois. Exemplos: ler pelo menos um livro por mês; ir ao cinema com o marido/esposa/namorado(a) a cada quinze dias; praticar um esporte no mínimo três vezes por semana, etc.

> Forças: são os fatores que podem dificultar ou facilitar o alcance do objetivo experimental. Ao relacionar as forças, especialmente as que causam dificuldades, tenha em mente muito mais o caráter produtivo deste exame do que uma tendência a gerar negativismo. Considero que esta análise é que dará realismo ao seu projeto de vida, na medida em que você não tem apenas uma lista de boas intenções, mas uma análise crítica daquilo que deverá ser efetivamente trabalhado para se atingir o objetivo. Ao fazer este registro, leve em conta fatores individuais decorrentes de sua própria personalidade (falta de autodisciplina, excesso de detalhismo, perfeccionismo, dispersão, imediatismo, perseverança, criatividade, conformismo etc.); fatores externos decorrentes de assuntos ligados à estrutura conjugal, familiar, do trabalho, ambiente físico da casa e do trabalho, distâncias, amizades, influências sociais (propaganda, expectativas dos outros etc.), enfim, procure pensar com muita objetividade sobre tudo aquilo que poderá facilitar e dificultar o seu objetivo experimental. O importante depois é fazer uso produtivo e positivo das dificuldades, procurando estabelecer ações para superá-las.

> › Ação proposta: refere-se ao resultado final daquilo que efetivamente você decide fazer após análise comparativa entre os Objetivos experimentais e as Forças. Estas ações devem ser produto resumido e conclusivo do que você realmente vai fazer.

Caso isso o ajude, você pode colocar um prazo para cada ação. Para algumas pessoas que só conseguem trabalhar sob pressão, o tempo pode tornar-se um fator de motivação.

Por último, uma sugestão importante: à medida que muitas dessas ações podem envolver os outros, discuta-as com tais pessoas. Converse com sua (seu) parceira (o), filhos, amigos e pessoas que considera importantes, tanto do ponto de vista das opiniões como dos efeitos sobre sua vida.

Um convite à continuidade

A ordem, sequência ou dinâmica com que você leu este livro é o que menos importa.

O que nos interessa, como autores, é que tenhamos criado em você, estimado leitor (a), inquietudes e desejos de agir em relação à sua história, como autor e personagem em todas as etapas de sua vida. A longevidade, com tudo aquilo que a representa, se potencializa em desafios e oportunidades.

Saiba que este tema está classificado como um dos importantes fenômenos do século XXI.

Para tanto, vale registrar a recente obra da socióloga, jornalista e escritora inglesa, Anne Karpf, em seu livro *Como envelhecer*.

Diz ela, refutando formas mágicas ou receitas para combater o envelhecimento, que nunca é demais repetir: ficamos cada vez mais diferentes dos outros conforme envelhecemos, e não menos. Não existe modelo para o envelhecimento, ou para envelhecer bem. A melhor forma é a sua forma (KARPF, 2014, p. 143).

Segundo o psicanalista Erik Erikson, conforme nos aproximamos do último estágio (velhice), nos conscientizamos do fato de que nossa civilização realmente não acolhe o conceito de vida como um todo (ERIK apud KARPF, 2014, p. 158).

E voltando a A. Karpf, uma das formas de se preparar para a velhice é encarar o luto ou seja, lidar com algumas das perdas que são inevitáveis. O luto cria uma espécie de espaço no qual um senso de gratidão pode se desenvolver gratidão pelo que resta, ou pelo que surgiu no lugar do que foi perdido. Esta capacidade de ser grato por pequenas coisas, da mesma forma que por coisas maiores, tem que ser cultivada, caso ela não venha naturalmente (Ibidem, p. 160).

Ou seja, caro (a) leitor (a), sinta-se provocado a reconhecer seu próprio envelhecimento e a entrar em um autêntico e positivo contato com ele.

Essa última mensagem é um convite para a continuidade da sua vida, para o seu envelhecimento, afinal envelhecemos desde o dia em que nascemos.

Referências bibliográficas

ALONSO, E. L. *Tiempo de ocio*. Barcelona: Plaza & Janes Editores, 1987.

AZEVEDO, T. D. *Ciclo da vida:* ritos e ritmos. São Paulo: Ática, 1987.

BAUMAN, Z. *Modernidade líquida*. Rio de Janeiro: Zahar, 2001.

_____. *Identidade*. Rio de Janeiro: Zahar, 2005.

BEAUVOIR, S. *A velhice*. Rio de Janeiro: Nova Fronteira, 1990.

BERNHOEFT, R. *Trabalhar e desfrutar:* equilíbrio entre vida pessoal e profissional. São Paulo: Nobel, 1991.

_____. *Tempo a favor:* o que você vai ser, ter ou parecer após os 40? São Paulo: Saraiva, 2008.

BÔAS, O. *Xingu, os índios e seus mitos*. São Paulo: Edibolso, 1975.

BOBBIO, N. *O tempo da memória*. São Paulo: Campus, 1997.

BRIDGES, W. *Transições:* compreendendo as mudanças da vida. São Paulo: Fundo Educativo Brasileiro, 1982.

DAVIS, S. M. & GOULD, R. L. *A meia-idade como oportunidade de crescimento*. São Paulo: Nova Cultural, 1986.

DEBERT, G. G. *A reinvenção da velhice*. São Paulo: EDUSP, 1999.

DEJOURS, C. *A loucura do trabalho*. São Paulo: Cortês, 1988.

ESTRADA, M. R. *Pleneacion de vida y trabajo*. México: Editorial El Manual Moderno, 1989.

FABRY, J. E. *A busca do significado*. São Paulo: ECE, 1984.

FÉLIX, J. *Viver muito:* outras ideias sobre envelhecer bem no século XXI (e como isso afeta a economia e o seu futuro). São Paulo: Leya, 2011.

FREIRE, P. *Pedagogia da autonomia*. São Paulo: Paz e Terra, 2011.

GALTON, L. *Quantos anos terei de vida?* Rio de Janeiro: Distribuidora Record de Serviços de Imprensa, 1976.

GELPI, E. *Lazer e educação permanente*. São Paulo: Sesc, 1983.

GIANNETTI, E. *O Valor do Amanhã*. São Paulo: Cia das Letras, 2005.

GIRARDO, A. *DESaposentado, melhor agora*. Curitiba: Clube dos desaposentados, 2011.

GUARDINI, R. *A aceitação de si mesmo:* as idades da vida. São Paulo: Palas Athena, 1998.

HOLLIS, J. *A passagem do meio:* da miséria ao siginificado da meia-idade. São Paulo: Paullos, 2006.

KARPF, A. *Como envelhecer.* Rio de janeiro: Objetiva, 2014.

KUNDERA, M. *A brincadeira*. Rio de Janeiro: Nova Fronteira, 1986.

KUSHNER, H. *Quando tudo não é o bastante*. São Paulo: Nobel, 1988.

LAZARTE, O. *Uma nova dimensão da vida*. São Paulo: ECE, 1979.

LEA, M. *Quem tem medo de envelhecer?* Rio de Janeiro: Salamandra Consultoria Editorial, 1989.

LEFEBVRE, H. *La vida cotidiana en el mundo moderno.* Madrid: Alianza Editorial, 1984.

LEPARGNEUR, H. *Antropologia do prazer.* Campinas: Papirus, 1985.

LIEVEGOED, B. *Fases da vida:* crises e desenvolvimento da individualidade. São Paulo: Antroposófica, 2007.

LIMITED, H. I. *O futuro da aposentadoria: Uma nova realidade - Brasil.* Londres: HSBC Insurance Holdings Limited, 2013.

LIPOVETSKY, G. *A felicidade paradoxal.* São Paulo: Schwarcz, 2008.

LIVINGSTON, G. *Velho muito cedo, sábio muito tarde.* Rio de Janeiro: Sextante, 2004.

MACCCHIA, M. T. & SILVA, O. G. Programa de preparação para a aposentadoria. *Cadernos da Terceira Idade,* 1981, n.7, pp. 19-26.

MAFFESOLI, M. *A conquista do presente.* Rio de Janeiro: Rocco, 1984.

MAHEAU, R. *La educacion permanente.* Barcelona: Salvat Editores, 1973.

MAZZAFERRO, D. S. *A velhice retratada nos filmes publicitários.* Setembro de 2013. Dissertação de Mestrado. Pontifícia Universidade Católica, São Paulo - SP.

MERCADANTE, E. F. *A Construção da Identidade e da Subjetividade do Idoso.* 1997. Doutorado em Ciências Sociais. Pontifícia Universidade Católica, São Paulo - SP.

MONTEIRO, P. P. Somos velhos porque o tempo não para. Em: B. Corte, *Velhice, Envelhecimento, Complex(idade).* São Paulo: Vetor, 2005, pp. 57-83.

MORAGAS, R. *La jubilacion: un enfoque positivo.* Barcelona: Ediciones Grijalbo, 1989.

MORIN, E. *Os sete saberes necessários à educação do futuro.* São Paulo: Cortez, 2000.

MOSQUERA, J. *Vida adulta:* personalidade e desenvolvimento. Porto Alegre: Sulina, 1983.

MUCIDA, A. *Escrita de uma memória que não se apaga.* Belo Horizonte: Autêntica, 2009.

NERI, A. L. *Envelhecer num país de jovens.* Campinas: Unicamp, 2001.

OMS. *Envelhecimento Ativo: uma política de saúde.* Brasília, 2005.

PAHL, R. *Depois do sucesso:* ansiedade e identidade. São Paulo: UNESP, 1995.

PEARSON, E. N. *O espaço, o tempo e o eu.* São Paulo: Sociedade Teosófica, 1979.

PIETRO, J. M. *La tercera edad.* Buenos Aires: Troquel, 1980.

QUINTANA, M. *Espelho Magico.* Editora Globo, 1951.

RAPOPORT, L. *La personalidad desde los 26 hasta lla ancianidad:* el adulto y el viejo. Buenos Aires: Paidos, 1978.

RAPOPORT, R. (1981). *Enriquezca su vida.* Madrid: Harla, 1981.

REIS, L. M. *Além da idade do lobo:* a vitalidade da segunda juventude. Rio de Janeiro: Campus, 1999.

ROJAS, E. *Una teoria de la felicidad.* Madrid: Editorial Dossat, 1986.

SALGADO, M. A. *Velhice, uma nova questão social.* São Paulo: Sesc, 1982.

SANTISO, T. P. *Terceira idade:* tempo para viver. São Paulo: Edição Paulinas, 1983.

SCARF, M. (1982). *Crises previsíveis:* contos de pressão na vida das mulheres. Rio de Janeiro: Academia do Saber Passos, 1982.

SILVA, A. P. *Envelhecer sem esmorecer.* São Paulo: Melhoramentos – USP, 1978.

TWIGG, M. *O futuro da aposentadoria:* a importância da família. Londres: HSBC Holding Insurance, 2015.

VRIES, M. K. *O enigma da meia-idade.* Rio de Janeiro: Incisa, 1979.

Indicadores

ÁREA MATERIAL

Indicadores úteis: moradia, salário, hábitos alimentares, objetos de desejo, nível de vida, localização geográfica, espaços, roupas, vizinhança, viagens, meio ambiente, meios de transporte, meios de comunicação, conforto, clima etc.

ÁREAS	OBJETIVO EXPERIMENTAL	FORÇAS		AÇÃO PROPOSTA
		DIFICULTADORAS	FACILITADORAS	

ÁREA BIOFÍSICA

Indicadores úteis: idade, vigor, nível de energia, saúde, aparência, coordenação, consciência corporal, imagem (como os outros me veem), autoimagem (como eu me vejo), esportes, recreação, mobilidade, comodidade, disposição, cuidados com a saúde, pequenos e grandes problemas etc.

ÁREAS	OBJETIVO EXPERIMENTAL	FORÇAS		AÇÃO PROPOSTA
		DIFICULTADORAS	FACILITADORAS	

ÁREA AFETIVA

Indicadores úteis: temperamento, consciência dos sentimentos pessoais e dos sentimentos provocados nos demais, expressividade, características marcantes da personalidade (que agradam e desagradam), relacionamentos com parceiro, filhos, pais, sogros, irmãos e amigos. Motivações e manifestações, tais como medo, preconceito, conflitos, opções etc.

ÁREAS	OBJETIVO EXPERIMENTAL	FORÇAS		AÇÃO PROPOSTA
		DIFICULTADORAS	FACILITADORAS	

ÁREA INTELECTUAL

Indicadores úteis: educação, habilidades, utilização dos conhecimentos, combinação entre teoria e prática, carências intelectuais, forças intelectuais, inovação, leituras, artes, sensibilidade, autodesenvolvimento etc.

| ÁREAS | OBJETIVO EXPERIMENTAL | FORÇAS | | AÇÃO PROPOSTA |
		DIFICULTADORAS	FACILITADORAS	

ÁREA PROFISSIONAL

Indicadores úteis: utilização do potencial, aperfeiçoamento, uso da experiência, esforços, inovação, sucessos, fracassos, tensões, interesses, eficácia, adaptação, ousadia, capacidade para empreender, passividade, antecipar-se às exigências, correr riscos, reconhecimento dos outros, autorreconhecimento, recompensas, gestão etc.

ÁREAS	OBJETIVO EXPERIMENTAL	FORÇAS		AÇÃO PROPOSTA
		DIFICULTADORAS	FACILITADORAS	

ÁREA SOCIAL

Indicadores úteis: eu e os outros, os outros e eu, rejeição, preocupação com os outros, comigo e com minha família, atuação política, intimidade, amizades, sentido de pertencimento, franqueza, competição dentro dos grupos, confiança em si mesmo e nos outros, ética, valores etc.

ÁREAS	OBJETIVO EXPERIMENTAL	FORÇAS		AÇÃO PROPOSTA
		DIFICULTADORAS	FACILITADORAS	

ÁREA ESPIRITUAL

Indicadores úteis: postura de vida, ética, moral, religião, filosofia, experiências místicas, reflexão, Deus, oração, adoração, ser humano, espírito, liberdade, sobrenatural, extrassensorial, transcendência, significado da vida etc.

ÁREAS	OBJETIVO EXPERIMENTAL	FORÇAS		AÇÃO PROPOSTA
		DIFICULTADORAS	FACILITADORAS	

OUTRAS ÁREAS

Indicadores úteis: amor, sexo, cultura, maturidade, criatividade, fase da vida, alegria, tristeza, lazer, divertimento, jogos, poder, humor, felicidade, autenticidade, capacidade de mudar, resistência à mudança, aposentadoria, saudade, morte, educação permanente, ter e ser.

| ÁREAS | OBJETIVO EXPERIMENTAL | FORÇAS | | AÇÃO PROPOSTA |
		DIFICULTADORAS	FACILITADORAS	

> **Contato com os autores**
> rbernhoeft@editoraevora.com.br
> dmazzaferro@editoraevora.com.br

Este livro foi impresso pela gráfica TypeBrasil em papel Offset 70 g.